Roland Werner

Jesus Christus

Roland Werner

Jesus Christus

7 Gründe, warum ich ihm nachfolge

NEUFELD VERLAG

Die Deutsche Bibliothek verzeichnet diese Publikation in der Deutschen Nationalbibliografie; detaillierte bibliografische Daten sind im Internet über www.d-nb.de abrufbar

Umschlaggestaltung: spoon design, Olaf Johannson
Umschlagbild: © ShutterStock°
Satz: Neufeld Verlag
Herstellung: CPI – Clausen & Bosse, Birkstraße 10, 25917 Leck

4. Auflage 2022

© 2006 Neufeld Verlag Cuxhaven
ISBN 978-3-86256-013-4, Bestell-Nummer 588 738

www.neufeld-verlag.de

Bleiben Sie auf dem Laufenden:
newsletter.neufeld-verlag.de
www.facebook.com/NeufeldVerlag
www.neufeld-verlag.de/blog

NEUFELD VERLAG

INHALT

VÖLLIG DURCHGEKNALLT?
Statt einer Einleitung

Selbstbestimmung ade?
Ich sitze in der Wartehalle auf dem Frankfurter Flughafen. Der Koffer ist eingecheckt, die Passkontrolle liegt hinter mir. Jetzt bleiben noch wenige Minuten, bevor wir in das Flugzeug einsteigen. Eine ganz normale Situation. Wirklich?

Eigentlich ist das absurd: In wenigen Minuten werde ich zwei wesentliche Dinge an eine mir völlig unbekannte Person abgeben: Das grundlegende Menschenrecht auf Selbstbestimmung sowie das fundamentale Bedürfnis nach Kontrolle.

Wie das? Ist doch klar: Ich werde in einen überdimensionalen Kasten aus Stahl einsteigen, der sich dann vom Boden erheben wird, bis zu einer Höhe von elf Kilometern über der Erdoberfläche aufsteigen, Tausende Kilometer durch die Luft zurücklegen, dabei mehrere Gebirge und einen Ozean überqueren und dann schließlich in einem anderen Kontinent landen wird.

Am Steuer dieses Ungetüms mit der verharmlosenden Bezeichnung »Flugzeug« befindet sich ein Pilot, den ich nicht kenne. Ihm vertraue ich mein Leben an, ohne irgendwelche Garantien zu haben, dass er verantwortlich damit umgehen kann und wird. Ich weiß nicht, ob er seinen Flugschein rechtmäßig erworben oder auf dem Schwarzmarkt gekauft hat. Ich weiß nicht, ob er emotional stabil ist oder nicht, ob er nüchtern ist oder ob er den Flug in alkoholisiertem Zustand zurücklegen wird. Ich kenne das Flugzeug nicht, weiß nicht, ob es fachgerecht gewartet und repariert worden ist oder nicht.

Und dennoch: Ich setze mich seelenruhig in den Flieger, lese die Zeitung oder ein Buch, trinke meinen Kaffee und nicke zwischendurch sogar ganz entspannt ein.

Ziemlich durchgeknallt, so etwas zu machen, oder etwa nicht?

Völlig verrückt?

Ähnlich radikal ist es bei der Sache, um die es hier geht. Jesus Christus nachfolgen.

Allein schon diese Worte klingen ziemlich radikal. Um nicht zu sagen: durchgeknallt.

An Jesus Christus glauben? Ihm nachfolgen? Ihn zum bestimmenden Faktor des Lebens machen?

Ist das nicht völlig verrückt? Ist das nicht etwas für religiöse Fanatiker?

Und dann noch der Anspruch, dass Jesus die Schlüsselfigur ist. Dass es auf ihn ankommt wie auf keine andere Person.

Ist das nicht völlig vernagelt? Ist der Glaube an Jesus nicht etwas von vorvorgestern, etwas, das im 21. Jahrhundert keine Bedeutung mehr hat?

Wie kann ein denkender Mensch heute noch an Jesus glauben? Wie kann ein gebildeter Mensch sein ganzes Leben auf diese eine Karte setzen?

Das fragen viele Zeitgenossen. Es ist doch besser, sich die verschiedensten Möglichkeiten offen zu halten. Gerade in solchen Sachen wie Religion und Glaube! Wer weiß da denn schon Genaues?

Und die Fragen hören nicht auf. Ist die Sache mit Jesus wahr? Lohnt es sich überhaupt, sich mit ihm zu beschäftigen? Und was bringt das Ganze?

Ein radikaler Anspruch?

So wirft das Thema Nachfolge von Jesus unzählige Fragen auf. Und bei vielen erzeugt es nur Kopfschütteln.

Viel anders waren die Reaktionen damals auch nicht. So sehr seine Zeitgenossen auch von ihm angezogen wurden, so sehr sie begeistert waren von seinen Worten und Wundertaten, so sehr waren sie auch verunsichert.

Jesus trat mit einer unglaublichen Autorität auf. Er konfrontierte die Menschen mit einem ungeheuren Anspruch. Einem reichen jungen Mann, der zu ihm kam und ihn nach dem Sinn des Lebens fragte, sagte Jesus unverblümt: »Verkaufe alles, was du hast, und gib es den Armen! Und dann komm und folge mir nach!« Radikaler geht es wohl nicht.

Aber genau das ist die Sache. Christsein heißt eben nicht, ein netter Mensch zu sein, engagiert, aber im Grund doch harmlos. Sondern es heißt, sich mit seiner ganzen Existenz dem Rabbi Jesus aus Nazareth anzuvertrauen. Sich mit ihm auf den Weg zu machen. Ihm nachzufolgen.

Dem Leben auf der Spur?

Jesus folgen – und die Folgen.

Wenn Sie offen sind, darüber nachzudenken, dann lade ich Sie ein, weiter zu lesen. Denn ich möchte Ihnen erzählen, warum ich Jesus folge. Ich möchte Ihnen an meinen Gedanken und an meinem Leben Anteil geben.

Das tue ich in der Hoffnung, dass Sie sich auch dafür entscheiden, diesen scheinbar durchgeknallten Lebensweg einzuschlagen. Eben – Jesus nachzufolgen.

Sie werden dabei entdecken, dass es sich lohnt. Und dass Sie dabei dem Leben auf der Spur sind.

Roland Werner

1. FASZINATION
Weil Jesus Christus einzigartig ist

Ich bin gekommen, ein Feuer anzuzünden auf Erden.

Jesus, Lukasevangelium 12,49

Es stimmt: Keine andere Person hat einen solch ungeheuren Einfluss auf das Leben von Millionen und Abermillionen Menschen ausgeübt wie Jesus. Dieser Mann aus dem kleinen Dorf Nazareth in Galiläa hat den Verlauf der Weltgeschichte bestimmt wie kein anderer vor oder nach ihm.

Jesus weltweit

Die Bewegung, die ihren Ursprung bei diesem Mann namens Jesus Christus hat, ist heute die zahlenmäßig größte »Religion« der Welt, mit fast zwei Milliarden Anhängern. Und es ist noch kein Ende des Wachstums in Sicht. Auch an den Stellen, wo wir es auf den ersten Blick nicht vermuten. In der Volksrepublik China allein versammeln sich nach informierten Schätzungen zur Zeit weit über 50 Millionen Christen in offiziellen und inoffiziellen Gemeinden und Gruppen.[1] In der Zuneigung der Menschen hat der galiläische Zimmermann längst dem »großen Steuermann« Mao den Rang streitig gemacht.

Die weltweite Jesus-Bewegung ist nicht aufzuhalten. Wer Augen im Kopf hat, der nimmt das wahr. Unsere Perspektive im postmodernen Europa ist eingeschränkt. Denn nur hier, im so genannten christlichen Abendland, verlieren die Kirchen an Boden. Überall sonst auf der Welt ist Jesus höher im Kurs als je zuvor. Ein Beispiel ist Afrika südlich der Sahara, das nach Voraussagen von Statistikern

---

[1]   Vgl. David Aikman: *Jesus in Beijing. How Christianity is changing China and transforming the Global Balance of Power,* Washington 2003.

in wenigen Jahrzehnten fast vollständig zu einem »christlichen Kontinent« werden wird.

Die Mongolei, in den siebziger Jahren noch ohne einen einzigen bekannten Christen, wird heute, dreißig Jahre später, von einer Welle der Verehrung von Jesus überrollt. Überall entstehen neue Gemeinden, geleitet von Einheimischen. Theologische Seminare und Bibelschulen sprießen aus dem Boden. Junge Mongolen studieren das Leben und die Lehren von Jesus. Selbst in der islamischen Welt wenden sich gegenwärtig Unzählige Jesus Christus und der Bibel zu. Viele von ihnen glauben heimlich, ohne dass ihre Umgebung davon weiß. Andere dieser Nachfolger von Jesus sind bereit, für ihren Glauben Nachteile in Kauf zu nehmen, die bis zum Ausstoß aus Familie und Gesellschaft gehen. Nicht wenige bezahlen ihren Glauben an Jesus mit Gefängnis und Folter, und manche sogar mit dem Tod.

Und dennoch ist diese Bewegung nicht aufzuhalten. Die Anziehungskraft von Jesus auf Menschen in allen Ländern und Kulturen ist ungebrochen.

Jesus inspiriert

Die »Evangelien«, die Berichte über das Leben von Jesus, von seinen Nachfolgern wenige Jahrzehnte nach seinem Tod aufgeschrieben[2], sind ohne Zweifel die meistgelesenen Bücher der Weltgeschichte. Teile davon wurden in über 1 000 Sprachen übersetzt, mehr als jedes andere Werk der Weltliteratur.

---

2 Lange Zeit wurde angenommen, dass der Abstand zwischen dem Leben von Jesus und der Niederschrift der Evangelien zumindest 40 bis 60 Jahre beträgt. Inzwischen hat sich in der neutestamentlichen Wissenschaft jedoch die Überzeugung durchgesetzt, dass diese Spätdatierungen nicht haltbar sind. Die Angaben der Evangelien sind weitaus zuverlässiger, als die wissenschaftliche Literatur lange Zeit – und vor allem die populärwissenschaftliche Vermarktung derselben bis heute – angenommen hat. Zur Datierung der Schriften des Neuen Testaments sowie deren Verlässlichkeit siehe Thomas Weißenborn: *Apostel, Lehrer und Propheten*, Bände 1 bis 3, Verlag der Francke-Buchhandlung, Marburg 2004/2005.

Obwohl Jesus nur wenige Jahre öffentlich gewirkt hat und dazu noch in einem nicht sehr bedeutenden Gebiet im Ostteil des damaligen römischen Reiches, hat sein Leben bis heute die Kraft, Menschen in seinen Bann zu ziehen.

Doch hat er nicht nur einzelne Menschen inspiriert. Jesus Christus hat auch eine nicht wegzudenkende Bedeutung für die Entwicklung der Kultur in Europa und anderen Teilen der Welt. Einer der Bereiche, wo das leicht sichtbar ist, ist die Kunst. Die Gemälde, Lieder, Gedichte und Bücher sind nicht zu zählen, die Jesus oder einen Aspekt seines Lebens und seiner Wirkungsgeschichte zum Thema haben. Auch die große abendländische Musik von Bach über Mozart, von Händel über Haydn bis Brahms und viele andere ist nicht denkbar ohne die Inspiration, die von diesem Mann aus Nazareth ausgeht.

Vorbild Jesus

Jedoch bleibt es nicht bei einer rein künstlerischen oder akademischen Beschäftigung mit Jesus. Viel weit reichender als jede Bewunderung des galiläischen Rabbi ist die Tatsache, dass Menschen ihn zum Vorbild ihres Lebens erwählen. Dass sie den Entschluss fassen, Jesus nachzueifern. Sie möchten, dass ihr Leben so weit wie irgend möglich das widerspiegelt, wofür Jesus steht. Seine Aussagen, seine Werte, sein Vorbild sollen ihr Handeln bestimmen.

Und die, die Jesus auf diese Weise zum Vorbild nehmen, werden wiederum zum Vorbild für andere. Eine von ihnen war Mutter Teresa, die kleine albanische Nonne in Kalkutta, die gemeinsam mit ihren »Schwestern der Barmherzigkeit« Tausenden von Sterbenden die letzten Tage ihres Lebens durch Pflege und Zuwendung erleichterte. Sie wurde zu einem leuchtenden Beispiel selbstloser Hingabe für andere. Als ein Freund von mir sie einmal bei einem Besuch nach dem tiefsten Beweggrund ihres Handelns fragte, streckte sie ihm ihre offene Hand entgegen, zeigte auf die fünf Finger und sagte: »Es sind nur fünf Worte, die meine Lebensphilosophie beschreiben.«

Und dann nannte sie diese fünf Worte:»Do it all for Jesus!« –»Tu es alles für Jesus!«

Ein anderer, der sich Jesus zum Lebensvorbild gewählt hatte, war der polnische Pfarrer Maximilian Kolbe. Er wurde von den Nationalsozialisten in einem Konzentrationslager interniert. Eines Tages wurde er mit seinen Blockgenossen zum Appell gerufen. Eine Reihe von Gefangenen wurde namentlich aufgerufen, um erschossen zu werden. Als der Name eines jungen Familienvaters, Franz Gajowniczek, genannt wurde, trat Maximilian Kolbe an seiner Statt vor. Er gab sein Leben, um das eines anderen zu retten.

Gefragt, warum er das tut, hätte er sicher nichts anderes gesagt als auf den Mann aus Nazareth hinzuweisen, Jesus. Denn von ihm stammt der Satz:»*Niemand hat größere Liebe als die, dass er sein Leben lässt für seine Freunde*« (Jesus, Johannesevangelium 15,13). Jesus sprach jedoch nicht nur davon, sondern ging selbst freiwillig in den Tod.

Faszination Jesus

In Istanbul, der einstigen Hauptstadt des oströmischen Reichs, steht die imposante Hagia Sophia. Viele Jahrhunderte lang war dieses Gebäude die größte Kirche der Christenheit. Hoch oben im Gewölbe ist auf goldenem Grund ein Mosaik von unvergleichlicher Schönheit zu sehen. Es zeigt einen Mann, der ernst und fröhlich zugleich dem Betrachter direkt in die Augen schaut. Seine rechte Hand ist zum Segnen erhoben, in der linken hält er ein juwelenbesetztes Buch, das heilige Evangelium. Dieses Bild stellt niemand anderen als Jesus dar. Die Künstler wollten ausdrücken: Jesus ist das Zentrum der Geschichte. Er bringt die beste aller Nachrichten. Von ihm kommen Segen und Leben. Dieses großartige Meisterwerk zeigt: Die Faszination, die von Jesus ausgeht, geht auf den Betrachter über. Wer Jesus anschaut, wird dadurch selbst verändert.

2. REALITÄT

Weil die Sache mit Jesus wahr ist

*Wenn jemand dessen Willen tun will, wird er innewerden, ob
diese Lehre von Gott ist oder ob ich von mir selbst aus rede.*

Jesus, Johannesevangelium 7,17

Dass Jesus fasziniert, ist eine Tatsache. Aber für mich würde sie nicht
als Grund ausreichen, um mich zu einem Nachfolger von Jesus zu
machen. Denn letztlich bleibt Faszination doch etwas Subjektives,
Persönliches. Bei einer Faszination werden die Gefühle angerührt,
das Empfinden für Schönheit und Gerechtigkeit, vielleicht auch der
Sinn für Ästhetik, und wir sind von etwas beeindruckt, fasziniert
oder auch begeistert.

Doch wenn es um die Frage geht, ob ich ein Nachfolger von Jesus
Christus sein will oder nicht, braucht es mehr. Denn ich möchte
mein Leben nicht an etwas so Subjektivem, von mir selbst Abhängi-
gem festmachen wie einer Faszination allein. Ich will wissen, ob die
Sache mit Jesus wahr ist oder nicht. Je nachdem, wie die Antwort
ausfällt, werde ich zu ganz unterschiedlichen Schlussfolgerungen
kommen. Mein Leben wird – so oder so – völlig anders aussehen.

Was ist dran an der Sache mit Jesus?
Um es kurz zu machen: Ich bin davon überzeugt, dass das, was die
Evangelien über das Leben von Jesus berichten, historisch wahr ist.
Ich habe mich über viele Jahre mit der Frage der Geschichtlichkeit
und Wahrhaftigkeit dieser Quellen beschäftigt, und bin zu dem
Schluss gekommen: Die Berichte sind verlässlich. Wer sie vorurteils-
frei liest, merkt: Die Evangelien sind nichts anderes als kurz gefasste,
sehr nüchtern gehaltene Darstellungen des Lebens und Sterbens von
Jesus aus Nazareth. Sie beschreiben, was für ein Mensch er war, wo
er herkam, was er sagte, was er tat und wie seine Umwelt darauf rea-

gierte. Sie berichten, wie er durch ein Netz von Intrigen und Verrat gefangen genommen und gegen alles geltende Recht zum Tod verurteilt wurde. Sie beschreiben im Detail seine letzten Stunden und stellen dar, wie er ans Kreuz geschlagen wurde, eine Hinrichtungsart, die die Römer den Sklaven, Ausländern und Schwerverbrechern vorbehalten hatten. Sie erzählen von den Augenblicken seines Todes und davon, wie er danach ins Felsengrab eines heimlichen Nachfolgers gelegt wurde. Offen und schonungslos beschreiben sie die Enttäuschung, Verzweiflung und Hoffnungslosigkeit seiner Freunde und Anhänger.

Und dann berichten sie etwas absolut Erstaunliches, schier Unglaubliches. Etwas in der Weltgeschichte einzigartiges, nämlich, dass Jesus Christus nicht im Grab blieb, sondern am Tag drei nach seiner Hinrichtung seinen Freunden wieder lebendig erschien. Und zwar nicht als ein Gespenst oder Geist, eine mystische Erscheinung, sondern leiblich, körperlich anfassbar, und dennoch nicht mehr begrenzt durch die Dimensionen von Raum und Zeit.

Und sie erzählen, dass diese Tatsache der Auferstehung das Leben der Nachfolger von Jesus revolutionierte und so die Gemeinschaft der Christen entstand.

Wahrheit oder Legende?

Jedem, der die Evangelienberichte liest, die fast lapidar hingeworfenen Beschreibungen von außergewöhnlichen Heilungen und Wundern und nicht zuletzt die Berichte von der Auferstehung von Jesus, also der Überwindung des Todes durch ihn, stellt sich die Frage: Ist dies wahr? Werden hier Tatsachen beschrieben, die historisch belegbar sind, oder befinden wir uns im Reich der Mythen und Märchen?

Nun ist es mir in diesem Buch wegen der Begrenztheit des Platzes nicht möglich, ausführlich Für und Wider zu klären oder auch nur hinreichend zu erläutern. Ich habe mich intensiv mit diesen Fragen auseinandergesetzt und in einigen Büchern grundsätzlich dazu Stellung genommen.[3] Deshalb kann ich mich hier auf drei oder vier kurze Gedankengänge beschränken, die – im Zeitraffer – erklären, warum ich davon überzeugt bin, dass die Sache mit Jesus wahr ist, und warum jeder, der als denkender Mensch ernst genommen werden will, nicht daran vorbeikommt, sich mit Jesus Christus zu befassen.

Die Evangelien – Tatsachenberichte oder fromme Märchen?

Es ist immer wieder gegen die Evangelien eingewendet worden, dass sie nicht vertrauenswürdig seien. Zumeist wird versucht, diese Behauptung mit zwei Argumenten zu untermauern.

Das eine besagt, dass die Verfasser der Evangelien in einer Art mythischem Weltbild gefangen gewesen seien. Das heißt, sie hätten nicht zwischen Realität und Erfindung unterscheiden können. Wenn sie also zum Beispiel ein Heilungswunder von Jesus erzählen, so sei ihnen die Grenze zwischen harten Fakten und Wundergeschichten verrutscht. Sie hätten in einer Märchenwelt gelebt, in der sie Wunder für bare Münze genommen hätten.

In der Theologie des 20. Jahrhunderts gab es dann eine starke Strömung, die diese angebliche Wunderwelt des Neuen Testaments »entmythologisieren«, also von den »Mythen« befreien und den so genannten eigentlichen Kern herausschälen wollte. Meist blieb dabei nicht viel mehr übrig als ein blasser Jesus, der einige Weisheiten von sich gab und dann ungerechterweise starb.

Doch diese Argumentation erweist sich schon von Anfang an als falsch. Denn schließlich erzählten die Verfasser der Evangelien die Wunder gerade deshalb, weil sie sie für außergewöhnlich hielten. Sie wollten genau das belegen, dass Jesus mehr war als ein gewöhnlicher

---

3   Die Frage der Geschichtlichkeit der Evangelien, besonders dessen, was über Jesus bekannt und belegbar ist, sowie die Frage der Auferstehung haben Guido Baltes und ich ausführlich behandelt in: *Faszination Jesus. Was wir wirklich von Jesus wissen können*, Brunnen, Gießen ³2005. Siehe auch mein Buch: *Provokation Kreuz – Warum musste Jesus sterben?* Hänssler, Holzgerlingen 2005.

Mensch. Sie waren Realisten wie wir und blickten deshalb voller Staunen und Verwunderung und doch überzeugt auf die Wunder. Sie wollten Tatsachen berichten und nichts anderes, und kamen dabei nicht an den Wundern vorbei.

Lukas, der das nach ihm benannte Evangelium in der Mitte der sechziger Jahre des ersten Jahrhunderts, also etwa 30 Jahre nach Jesus, verfasste, legt seine Absicht beim Schreiben dar und beschreibt auch die Methode, nach der er vorgegangen ist:

>*Schon viele haben die Aufgabe in Angriff genommen, einen Bericht über die Dinge abzufassen, die in unserer Mitte geschehen sind, und die wir von denen erfahren haben, die von Anfang an als Augenzeugen dabei waren. Darum hielt auch ich es für richtig, nachdem ich allem bis zu den Anfängen nachgegangen bin, diese Ereignisse für dich, hochverehrter Theophilus, in ordentlicher Reihenfolge aufzuschreiben, damit du erkennst, wie zuverlässig all das ist, worin du unterrichtet worden bist.*«*

(Lukasevangelium 1,1–4; Neue Genfer Übersetzung)

Lukas will also in seinem Bericht genaue und zuverlässige Daten zusammenstellen. Dazu unternimmt er eine ausführliche Recherche. Er sagt, dass er »alles von Anfang an sorgfältig erkundet hat« – hier steht im Griechischen für »sorgfältig« das Wort *akribôs*, also »akribisch, genau«. Und danach will er die Ereignisse in zeitlich verlässlicher Reihenfolge darstellen. Die archäologischen Funde, gerade der letzten Jahrzehnte, haben gezeigt, dass Lukas – und nicht nur er, sondern auch Johannes und die anderen Evangelisten – bis in die Details ihrer Darstellungen korrekt und tatsachengetreu sind. Wie hätte es auch anders sein können? Ihre ersten Leser waren schließlich ihre besten Kritiker, da sie als Zeitgenossen und manche sogar als direkte Augenzeugen Zugang zu allen relevanten Fakten hatten und nie und nimmer erfundene, gefälschte oder schlicht unwahre Darstellungen angenommen hätten.

Das Zeugnis der antiken Autoren

Dass die Schriften des Neuen Testaments mit Abstand die best über-lieferten und belegten Bücher der gesamten Antike sind, hat sich inzwischen herum gesprochen. Die vielfältigen, teilweise sehr frühen Handschriften, die frühen Übersetzungen ins Syrische, Lateinische, Koptische, Äthiopische, Armenische und andere Sprachen stellen sicher, dass sich keine groben oder schwerwiegenden Abschreibfeh-ler oder Fälschungen einschleichen konnten. So haben wir in den Evangelien, wie sie heute vorliegen, in der Tat genau den Original-text in Händen. Das wird jeder kundige Althistoriker bestätigen.[4]

Eine Reihe von römischen und anderen antiken Autoren bestä-tigen die Berichte des Neuen Testaments. So wird Jesus sowohl von Sueton (etwa 70 bis etwa 130–140) erwähnt, dem Biographen der römischen Kaiser, wie auch von Cornelius Tacitus (etwa 55 bis nach 155), der vom Tod von Jesus unter Pontius Pilatus berichtet.[5]

Der jüdische Geschichtsschreiber Flavius Josephus (37/38 – etwa 100) unterstreicht in seinem Werk »Jüdische Altertümer« die histo-rische Korrektheit der Angaben des Neuen Testaments. Er erwähnt die meisten Personen, die in den Evangelien auftauchen, angefangen von Herodes dem Großen über den römischen Statthalter Pontius Pilatus, den Hohenpriester Kaiphas und Johannes den Täufer bis hin zu Jesus Christus selbst. Er berichtet von der Steinigung eines der ersten Leiters der Gemeinde in Jerusalem und beschreibt ihn als »Bruder des Christus genannten Jesus, der Jakobus hieß«.[6]

---

4 Wolfgang Schadewaldt: *Die Zuverlässigkeit der synoptischen Tradition*. In: Institut für Glaube und Wissenschaft (www.iguw.de).

5 Tacitus erklärt den Namen der Christen: »*Dieser Name (Christiani) stammt von Christus, der unter Tiberius vom Prokurator Pontius Pilatus hingerichtet worden war.*«

6 Antiquitates XX 200. Es gibt noch eine weiterreichende Aussage von Jose-phus über Jesus, das so genannte »Testimonium Flavianum«. Es lautet: »*Zu dieser Zeit lebte Jesus, ein weiser Mensch, wenn man ihn einen Menschen nennen darf. Unerhörte Taten tat er nämlich, ein Lehrer solcher Menschen, die mit Freude die Wahrheit annehmen, und gewann viele Juden und auch*

Dieser kleine Überblick, der sich leicht erweitern ließe, zeigt, dass sich die historischen Quellen gegenseitig bestätigen, die Verfasser des Neuen Testaments auf der einen und die außerbiblischen Autoren auf der anderen Seite. Sie sind sich einig in dem, was die Person von Jesus Christus, sein Leben und Umfeld betrifft. Als Fazit kann ich sagen: Je mehr ich diese Quellen untersucht habe, um so gewisser ist mir geworden, dass die Evangelien geschichtliche Tatsachen berichten wollen und auch berichten.

Schicksalsfrage Auferstehung

Doch dass die neutestamentlichen Quellen historisch gesicherte Daten enthalten und dass die Schreiber wahrheitsgetreu berichten wollten, das allein genügt nicht. Die entscheidende Frage, mit der die ganze Sache mit Jesus steht oder fällt, ist die nach der Auferstehung. Dass Jesus Christus am Kreuz starb, ist ohne Zweifel. Doch wie ist das mit der Auferstehung? Entweder stimmt es, dass Jesus Christus am dritten Tag nach der Kreuzigung vom Tod auferstand, oder nicht. Hier gibt es kein Sowohl-als-Auch, sondern nur ein Entweder-Oder.

An der Frage der Auferstehung von Jesus entscheidet sich die ganze Sache. Wenn Jesus nicht auferstanden ist, dann ist er nicht mehr als einer von vielen weisen Lehrern der Menschheit. Dann ist er nur einer der Religionsstifter, die die Menschheitsgeschichte verändert haben, aber letztlich doch wie alle anderen Sterblichen ins Grab sanken. Dann ist Jesus einer, der für eine gute Sache gekämpft hat, einer der, wie Albert Schweitzer einmal schrieb, versuchte, dem

---

viele Griechen für sich. Er war der Christus. Und als Pilatus nach Hinweisen unserer führenden Männer ihn zum Kreuz verurteilte, gaben diejenigen, die ihn zuerst geliebt hatten, nicht auf. Er erschien ihnen nämlich am dritten Tage wieder lebend, was neben zehntausend anderen wunderbaren Dingen die göttlichen Propheten gesagt hatten. Und noch bis jetzt ist der nach ihm genannte Stamm der Christen nicht verschwunden.« Antiquitates XVIII 63f. Zur Diskussion über die Geschichtlichkeit dieses Abschnitts siehe Werner und Baltes, *Faszination Jesus,* a.a.O., S. 25ff und 239ff.

Rad der Weltgeschichte in die Speichen zu fallen, dann aber von diesem Rad zermalmt wurde. Dann ist Jesus nicht mehr und nicht weniger als das berühmteste Opfer eines Justizmordes, wie es sie leider immer wieder gibt.

Wenn aber Jesus auferstanden ist, dann ist das Unglaubliche Wirklichkeit. Dann ist an dieser einen Stelle in der Weltgeschichte das Gesetz des Todes und Vergehens unterbrochen. Dann ist Jesus wirklich der, als den das Neue Testament ihn darstellt. Dann ist er wirklich der von Gott Gesandte. Dann ist Jesus der, der uns in einzigartiger Weise nicht nur etwas über Gott erzählt, sondern ist selbst die Brücke zwischen Gott und uns Menschen.

Entweder stimmt die Sache mit der Auferstehung, und dann hat sie ungeheure Konsequenzen. Oder sie stimmt nicht. Eine dritte Möglichkeit existiert nicht.

Eine unausweichliche Alternative

So stellt die Frage nach der Auferstehung eine Schicksalsfrage dar. Paulus von Tarsus, einer der frühen Nachfolger von Jesus, formulierte diese Alternative so:

> *»Ist Christus aber nicht auferstanden, so ist euer Glaube nichtig, so seid ihr noch in euren Sünden; so sind auch die, die in Christus entschlafen sind, verloren. Hoffen wir allein in diesem Leben auf Christus, so sind wir die elendesten unter allen Menschen.«*

(Paulus, 1. Korintherbrief 15,17–19)

Paulus und die anderen frühen Christen sahen diese Alternative deutlich. Und auch für mich ist diese Frage entscheidend. Denn ich will mein Leben nicht auf einer Täuschung oder frommen Illusion aufbauen, auch nicht auf einer Selbsttäuschung.

Doch wie kann ich heute, im 21. Jahrhundert, für mich die Frage lösen, ob die Sache mit der Auferstehung stimmt? Ist das aufgrund des zeitlichen Abstands einfach unmöglich, und ich muss entweder glauben oder nicht? Oder kann ich Schritte gehen, die mir helfen, Gewissheit zu finden?

Es gibt solche Schritte. Zunächst einmal kann ich wahrnehmen, dass alle christlichen Kirchen, egal welcher Konfession, dies als eine ihrer unverrückbaren Grundlagen feststellen. Im so genannten »apostolischen Glaubensbekenntnis« bekennen alle Christen gemeinsam: »*Ich glaube an Jesus Christus ... unter Pontius Pilatus gekreuzigt ... am dritten Tag wieder auferstanden von den Toten.*«

Wege zur Gewissheit

Doch wie kommen die Christen in allen Jahrhunderten zu dieser Gewissheit? Und wie können wir selbst an dieser entscheidenden Weggabelung zu einer Klarheit kommen?

Die Antwort: Das muss man einfach glauben – oder auch nicht! – hilft nicht weiter. Vielmehr gilt es, konkrete Schritte zu gehen, um eine fundierte Entscheidung treffen zu können. Denn hier geht es um das Zentrum. Die Auferstehung ist die Frage, an der sich alles entscheidet. Also müssen wir uns fragen, wie wir uns dazu stellen.

Dabei gibt es zwei Wege, die beide gleich wichtig sind: Der historische Weg und der persönliche Weg. Der historische Weg beinhaltet, dass wir uns vorurteilsfrei mit den Berichten beschäftigen, die von der Auferstehung sprechen. Der persönliche Weg bedeutet, dass wir die Aussage, dass Jesus Christus auferstanden ist, einfach einmal als eine Art Experiment, als eine Arbeitshypothese annehmen und untersuchen, was das bedeuten und wie das unser Leben verändern würde.

Was ist historisch belegbar?

Bei dem »historischen Weg« müssen wir uns mit einigen wenigen grundlegenden Tatsachen und Fragen auseinandersetzen.

Die erste Frage lautet: Wie ist das leere Grab zu erklären? Denn dass das Grab, in das Jesus gelegt wurde, am dritten Tag leer war, daran gibt es keinen Zweifel.

Die zweite Frage ist: Wie ist die völlige Veränderung der Jünger, der Freunde von Jesus zu erklären? Denn das ist deutlich: Nach dem Tod von Jesus waren sie völlig hoffnungslos und entmutigt. Sie schlossen sich ein aus Angst, dass ihnen das gleiche widerfahren würde wie Jesus. Und wenige Tage später standen sie mitten in Jerusalem und verkündigten allen Drohungen und Gefahren zum Trotz, dass Jesus auferstanden ist. Im Laufe der Jahre bezahlten viele von ihnen diese Botschaft mit ihrem Leben. Was hat die Jünger von Jesus so verändert, dass sie bereit waren, ihr Leben einzusetzen für die Botschaft, dass Jesus auferstanden war?

Die dritte Frage ist: Ist es denkbar, dass alle Augenzeugen gemeinsam sich entweder getäuscht haben oder dass sie einer Massenhysterie zum Opfer gefallen sind oder auch bewusst eine Lüge erfanden? Wie ist das Fortbestehen der jungen Christenheit überhaupt zu erklären?

Es ist hier nicht der Ort, diese und alle damit zusammenhängenden Fragen im Einzelnen zu untersuchen.[7] Hier will ich nur den Weg andeuten, den wir gehen können, wenn wir historisch beurteilen wollen, ob die Sache mit der Auferstehung wahr ist oder nicht.

Das Erstaunliche ist: Historiker, die sich vorurteilsfrei mit dieser Frage beschäftigen, kommen übereinstimmend zu dem Schluss, dass alles dafür spricht, dass Jesus wirklich auferstanden ist. Die Frage, die dann bleibt, ist letztlich eine andere, nämlich: Sind wir bereit, diese Möglichkeit zuzulassen und unser Leben auf diese unerwartete Tatsache neu zu orientieren? Oder ist uns die Sache zu heiß, und wir lassen am liebsten die Finger davon?

Wie ist dies persönlich erfahrbar?
Und damit sind wir schon beim »persönlichen Weg« der Gewisswerdung. Wenn es stimmt, dass Jesus von den Toten auferstanden ist, dann bedeutet das mehr, als dass er noch einmal eine Anzahl von Jahren auf der Erde gelebt hat, bevor er den Weg allen Fleisches ging. Die Auferstehung von Jesus, so wie das Neue Testament sie berichtet, hat viel weitreichendere Konsequenzen. Nämlich, dass

---

7 Siehe dazu die hervorragende Darstellung von Jürgen Spieß: *Ist das Neue Testament vertrauenswürdig? Die Auferstehung von Jesus Christus aus der Sicht eines Historikers* (www.iguw.de).

Jesus Christus ein für alle Mal die Macht des Todes überwunden hat und dass an dieser Stelle das Gesetz der Vergänglichkeit durchbrochen ist. Und wenn das so ist – nehmen wir nur für einen Augenblick als Arbeitshypothese mal an, dass es so ist –, dann heißt das auch, dass Jesus Christus nicht mehr den Begrenzungen von Raum und Zeit unterworfen ist. Mit anderen Worten: Jesus ist wirklich der Herr, der Überwinder des Todes, als den das Neue Testament ihn beschreibt. Er ist zu jeder Zeit gegenwärtig, also auch hier und jetzt. Er ist ansprechbar und in der Lage, zu antworten. Und nicht nur in der Lage, sondern auch daran interessiert.

Unter dieser Denkvoraussetzung wird dann der »persönliche Weg« der Gewisswerdung gangbar. Wenn er auferstanden ist und heute lebt, dann ist es möglich, dass wir Jesus Christus begegnen und durch diese Begegnung von Person zu Person gewiss werden. Diesen »persönlichen Weg« der Gewisswerdung ist der berühmte »Zweifler« Thomas gegangen, von dem das Johannesevangelium berichtet. (Diese spannende Begebenheit ist im 20. Kapitel des Johannesevangeliums nachzulesen, Verse 24–29.) Thomas wollte sich nicht nur auf das verlassen, was seine Freunde ihm erzählten. Sein Standpunkt war: »Wenn ich Jesus nicht mit meinen eigenen Händen anfasse und besonders die Stellen, wo die Nägel bei der Kreuzigung seine Hände und Füße durchbohrt haben, und die Wunde an seiner Seite, wo der Soldat den Speer eingerammt hat, kann und will ich es nicht glauben!«

Notwendige Skepsis

Thomas wollte Jesus direkt begegnen. Mit weniger gab er sich nicht zufrieden. Hörensagen war für ihn nicht genug. Er wollte keinen Glauben aus zweiter Hand. Damit kann Thomas ein Vorbild für uns sein.

Er hörte auf das, was die Augenzeugen ihm berichtet haben. Er ließ die unmögliche Möglichkeit zu, dass die Auferstehung eine Wirklichkeit sein könnte. Und er lief nicht weg, sondern blieb in der Nähe der anderen Nachfolger von Jesus. So setzte er sich bewusst der Möglichkeit einer direkten Begegnung mit dem Auferstandenen aus. Thomas war ein Zweifler, ein Skeptiker, ja. Und das ist auch in Ordnung. Aber er praktizierte das, was das griechische Wort *skepto* eigentlich meint: Genau hinschauen. Wirkliche Skepsis schaut nicht weg, sondern schaut genau hin.

Thomas praktizierte keinen distanzierten Zweifel, sondern ging ganz nahe ran. Und plötzlich geschah das, was er nicht wirklich erwartet und doch vielleicht erhofft hatte: Jesus Christus begegnete ihm persönlich.

Diese direkte Begegnung bewirkte das, was keine bloß gedankliche Überlegung zustande bringen könnte. Thomas fand Gewissheit. Gewissheit, dass Jesus wirklich lebt, und dass deshalb alles andere auch folgerichtig wahr sein muss und wahr ist. Und so tat er das einzig Vernünftige: Er sagte ein ganzes Ja zu Jesus. Er fiel ihm zu Füßen und sprach die Worte, die sein ganzes Leben veränderten: Jesus, du bist mein Herr und mein Gott! (Thomas, Johannesevangelium 20,28).

Die Wahrheit und ihre Konsequenzen

An dieser Stelle wird es ganz spannend. Denn letztlich kann keiner bei solch einer Frage neutral bleiben. Mir jedenfalls wurde klar, dass hier ein unüberbrückbares Entweder-Oder herrscht. Entweder stimmt die Sache mit Jesus oder nicht. Entweder ist er auferstanden und damit als Gottes einzigartiger Botschafter beglaubigt oder nicht. Entweder ist Jesus heute erfahrbar oder nicht.

Die historische Sachlage ist klar. Die persönliche Antwort aber kann nur jeder für sich selbst geben.

Wenn es wahr ist, dass Jesus der ist, als den die Bibel ihn beschreibt, dann hat das eine bleibende Bedeutung und ganz praktische Konsequenzen. Dann sind die Aussprüche von Jesus keine poetischen Floskeln, sondern Tatsachenbeschreibungen. Dann stimmt es, wenn er sagt: »*Ich bin der Weg und die Wahrheit und das Leben*« (Jesus, Johannesevangelium 14,6). Und dann ist es ernst zu nehmen, wenn er sagt: »*Folgt mir nach!*« (Jesus, Matthäusevangelium 4,19).

Und dann ist auch das ein ernstzunehmendes Angebot, wenn er sagt: »*Kommt her zu mir, alle, die ihr mühselig und beladen seid; ich will euch erquicken*« (Jesus, Matthäusevangelium 11,28).

Wahrheit oder Lüge. Top oder Flop. Ganz oder gar nicht. So konkret, so aufregend, so spannend wird es, wenn wir es mit der Realität zu tun bekommen, deren Name Jesus Christus ist.

3. NOTWENDIGKEIT
Weil ich persönlich Jesus Christus brauche

Herr, wohin sollen wir gehen? Du hast Worte des ewigen Lebens;
und wir haben geglaubt und erkannt: Du bist der Heilige Gottes.

Petrus zu Jesus, Johannesevangelium 6,68–69

Es hört sich vielleicht etwas krass an, aber es ist so: Ich brauche Jesus
Christus. Und zwar brauche ich ihn gerade an den Punkten meines
Lebens, wo ich an Grenzen stoße und mit meinem Latein nicht mehr
weiter weiß. Ich finde das okay. Ich gebe gern zu, dass ich Christus
brauche, ganz persönlich. Ich könnte ohne ihn nicht leben.

Sicher bestätige ich damit manche Vorurteile gegen das Christen-
tum und gebe Nahrung für den Vorwurf, der Glaube sei vor allem
etwas für Versager und Schwächlinge. Dieser Vorwurf, den besonders Friedrich Nietzsche (1844–1900), der Philosoph des Nihilismus,
erhoben hat, trifft ins Schwarze. Ich nehme den Vorwurf an.

Nietzsche empörte sich gegen einen Glauben, der die Lücken im
Leben füllen soll. Er verachtete einen Glauben, der für die Schwachen und Benachteiligten eine Hilfe und Stütze zum Durchhalten
bedeutet. Er wollte nichts wissen von einem schwachen Jesus, der
am Kreuz hing. Stattdessen entwarf er das Bild vom Übermenschen,
der sich selbst zum Maßstab aller Dinge macht. Der keine Krücke,
keinen Glauben, keinen Gott braucht, sondern der sich selbst genügt.

Schwächlinge oder Übermenschen?

Jesus hatte kein Problem damit, für die Schwachen da zu sein. Von
seinen Gegnern wurde er dafür kritisiert, dass er sich gerade den
Bedürftigen zuwendete. Er packt diesen Vorwurf direkt an: *»Die*
Gesunden bedürfen des Arztes nicht, sondern die Kranken. Ich bin
gekommen, die Sünder zur Buße zu rufen und nicht die Gerechten«
(Jesus, Lukasevangelium 5,31–32).

Jesus – ein Arzt für die Kranken. Ein Helfer für die Schwachen. Oder, um das alte, fast ausgestorbene Wort zu benutzen, ein Heiland für die Heillosen.

Das ist er. Damit hatte er kein Problem. Ich übrigens auch nicht. Denn, bei Licht betrachtet, gibt es sie gar nicht, die Gesunden und Bedürfnislosen. Und erst recht nicht die Gerechten und Schuldlosen. Was Nietzsche auszublenden versuchte, ist doch eine unübersehbare Realität: Die Welt ist voll von Menschen mit Schwächen, mit Fehlern, mit Gebrechen, mit Nöten, mit Schuld, mit Verzweiflung. Die Welt ist ein Ort voller Ungerechtigkeit und Benachteiligung, voller Armut und Krankheit, Rücksichtslosigkeit und Brutalität.

Und: Sie ist voll von zu vielen, die »Übermenschen« sein wollen. Die sich erheben wollen über Recht und Gesetz, die bereit sind, die Schwächeren zu unterdrücken und manchmal sogar über Leichen zu gehen.

Der Entwurf vom Übermenschen hat in der Geschichte immer zur Katastrophe geführt. Die, die »Übermenschen« sein wollten, wurden zwangsläufig zu Unmenschen. Nicht nur die deutsche Geschichte beweist dies. Ich schreibe diese Zeilen im Sudan, einem Land, wo dies mit Händen greifbar ist: Die Starken treten die Schwachen zu Boden. Die, die Waffen haben, metzeln wehrlose Männer, Frauen und Kinder nieder. Die Dörfer und Felder verbrennen, und die Orte sind erfüllt vom Angstgeschrei und dem Weinen der Überlebenden. Die Welt braucht nicht noch mehr »Übermenschen«, die sich über andere erheben, sondern etwas ganz anderes: Einen Arzt, einen Friedensstifter, einen Versöhner.

Jesus an den Brennpunkten

Wer die Evangelien liest, merkt, dass das genau die Aufgabe von Jesus war. So beschrieb er am Anfang seines öffentlichen Wirkens seinen Auftrag:

»Der Geist des Herrn ist auf mir,
weil er mich gesalbt hat,
zu verkündigen das Evangelium den Armen;

er hat mich gesandt,
zu predigen den Gefangenen,
dass sie frei sein sollen,
und den Blinden, dass sie sehen sollen, und den Zerschlagenen,
dass sie frei und ledig sein sollen,
zu verkündigen das Gnadenjahr des Herrn.«

(Jesus, Lukasevangelium 4,18–19)

Das bezeichnete Jesus als seine Bestimmung: Das Los der Gefangenen zu wenden, die Blinden sehend zu machen, die Niedergedrückten aufzurichten, den Armen gute Nachricht zu bringen. Arme, Kranke, Ausgegrenzte, Hilflose, Schwache – diese Menschen waren im Zentrum seiner Aufmerksamkeit.

Jesus begegnete den Menschen gerade an ihren Grenzen, an den Brennpunkten ihrer Not. Die Autoren der Evangelien schreiben ständig davon. Das machte Jesus aus. Anders als Buddha, der das Leid verneinte und es als Illusion erklärte. Auch anders als Mohammed, der selbst zum Schwert griff und in zahlreichen Kriegen eigenhändig Leid über seine Zeitgenossen brachte.

Jesus war anders. Er war der Heilbringer, der Heilende, der Heiland. Genau dass er so ist, macht ihn für mich attraktiv. Denn ich merke, dass die Wirklichkeit meines Lebens nicht nur aus meinen Erfolgen besteht, sondern ebenso aus meinen Misserfolgen, meinen Schwachpunkten und meinem Versagen.

Und nicht nur mein Leben ist von diesen Realitäten gekennzeichnet. Um mich herum sind überall Menschen, die mehr brauchen als ein paar gute Worte oder noch ein neu aufgelegtes Hilfsprogramm.

Ganzheitliche Hilfe

Jesus half denen, die zu ihm kamen. Keiner wurde abgewiesen. Er heilte die Kranken, die keine Hoffnung auf Heilung hatten. Er berührte die Aussätzigen, die fern von den Ortschaften in Höhlen und Hütten ihr Dasein fristeten. Er segnete die Kinder, die damals nicht viel galten. Er erlaubte der Prostituierten, mit ihren Tränen seine Füße zu netzen und sie dann mit ihrem Haar zu trocknen. Er sprach mit der stadtbekannten Frau aus Samaria, die aufgrund ihrer Lebensgeschichte von ihrer Umgebung gemieden wurde. Er teilte sein Leben mit einer bunt zusammen gewürfelten Gruppe, Fischer, Zollbeamte, Widerstandskämpfer. Mit ihnen bildete er eine neue Gemeinschaft, in der soziale oder politische Unterschiede keine Rolle mehr spielten.

Jesus wandte sich den Menschen ganzheitlich zu. Er war ein Arzt für den Körper und die Seele. Er hatte den ganzen Menschen im Blick. Die Heilung, die er brachte, umfasste alle Bereiche des Lebens. Er heilte nicht nur die Körper, sondern stiftete auch neue, versöhnte Beziehungen. Und er erneuerte die Persönlichkeit der Menschen. Wer ihm begegnete, wurde in seinem Wesen verändert. Denn in Jesus kam jeder mit Gott in Berührung.

Heilende Gegenwart

Das, was die Menschen damals erlebten, ist auch heute noch erfahrbar. Spätestens seit der Auferstehung wissen wir: Jesus ist nicht ein toter Religionsstifter, ein Weisheitslehrer der Vergangenheit, sondern er ist auferstanden und lebt.

Das bedeutet dann folgerichtig, dass er heute aktiv in unser Leben eingreifen kann. Das bedeutet auch, dass wir seine heilende Gegenwart erleben können. Wir können uns mit unseren ganz konkreten Problemen, den Nöten und ungelösten Fragen unseres Lebens an ihn wenden. Er ist heute, hier und jetzt, ansprechbar. Das Unglaubliche ist Tatsache: »*Jesus Christus gestern und heute und derselbe auch in Ewigkeit*« (Hebräerbrief 13,8).

Als er von seinen Freunden fort ging, versprach er ihnen zugleich: »*Ich bin bei euch alle Tage bis an der Welt Ende*« (Jesus, Matthäusevangelium 28,20).

Dass das keine leeren Worte sind, sondern Realität, habe ich erlebt. Das hat mein Leben verändert und erneuert. Ich habe erfahren, dass Jesus da ist, wo ich ihn brauche. Gerade an den Schwachpunkten meines Lebens. Dadurch ist mein Leben heil geworden.

4. DURCHBLICK
Weil Jesus Christus mir den wahren Gott zeigt

Wenn ihr mich erkannt habt, so werdet ihr
auch meinen Vater erkennen.

Jesus, Johannesevangelium 14,7

Hindernisse

Als ich die ersten Schritte in Richtung Glauben ging, merkte ich bei mir selbst etwas ganz Seltsames. Auf der einen Seite war es für mich intellektuell wahrscheinlich geworden, dass die Sache mit Jesus wahr ist, ja, ich war in meinem Denken von der Wirklichkeit der Jesus-Geschichte überzeugt.

Ich hatte auch keine Probleme damit, mir vorzustellen, dass Jesus Christus nicht nur ein Glaubensinhalt ist, sondern auch erfahrbar, ganz persönlich für mich, hier und jetzt, in meinem Leben.

Aber ich spürte auf einmal etwas, das mich hinderte, auf diesem Weg in Richtung Glauben weiter zu gehen. Ich fühlte Vorbehalte in mir aufsteigen. Ich merkte, wie sich Ängste in mir breitmachten. Die ganze Sache war irrational, das war mir klar, und dennoch wurden diese Gedanken und Gefühle zu einer echten Barriere für mich. Ich hatte schlicht und einfach Angst vor dem entscheidenden Schritt hin zum Glauben. Ich hatte Angst davor, die Anker zu lichten und die Segel zu hissen. Angst vor dem, was dann kommen würde.

Verzerrte Vorstellungen

Diese Angst hing mit ganz bestimmten Befürchtungen zusammen. Aus irgendeinem Grund dachte ich: Wenn du dich ganz auf Jesus Christus einlässt, wird dein Leben eingeengt. Es wird langweilig, uninteressant, grau in grau! Du musst altmodische Anzüge und Hemden tragen. Du darfst nie mehr lachen oder Spaß haben! In meinem Kopf war Christsein zu einer einengenden, farblosen Sache geworden. Woher diese Zerrbilder vom Leben als Christ kamen, kann ich nicht sagen. Weder waren die Christen, die ich bis dahin kennen gelernt hatte, solche verklemmten Zeitgenossen, noch hatte ich in der Bibel das Bild eines Langeweiler-Jesus vorgefunden. Und dennoch waren diese irrationalen Vorstellungen da und hielten mich ab davon, konkrete Schritte zu gehen in Sachen Glauben und Gott.

Im Lauf der Jahre habe ich gemerkt, dass viele Menschen solche Zerrbilder mit sich herumtragen. Zerrbilder von dem, was Christsein bedeutet. Und, was noch weitreichender ist, auch Zerrbilder von Gott, die sie davon abhalten, unbeschwert und frei in seine Arme zu laufen.

Gott – das unbekannte Wesen?
Gott – was ist das? So formulierte ein Jugendlicher in Berlin, als er auf der Straße interviewt wurde. Er war atheistisch sozialisiert und wusste nicht so genau, ob es »das Gott« oder »der Gott« heißt. Ganz so extrem wird es bei den meisten nicht sein, aber Zerrbilder sind verbreiteter, als man meint. Ein Schüler antwortete auf die Frage, was denn »Religion« sei: Religion ist das, was man nicht darf.

Es geistern viele Bilder herum: Gott als himmlischer Polizist, der aufpasst, ob wir etwas Falsches machen – das ist ein häufiges Bild. Gott als Spielverderber, Gott als kosmische Ursuppe, als mystisches Nichts, Gott als G.O.T.T. – »guter Opa, total taub« –, ein Gott von gestern, der nicht mehr versteht, was heute eigentlich läuft. Gott – eine mathematische oder philosophische Formel. Gott – ein rachsüchtiger, zorniger Übervater. Solche und ähnliche Zerrbilder gibt es zuhauf. Doch treffen sie wirklich Gott?

Ich spürte, dass ich hier ansetzen musste. Ich musste eine Antwort finden auf die Frage: Wer ist Gott eigentlich? Und damit zusammenhängend auch auf diese andere Frage: Wie ist Gott?

Ein Jahrmarkt der religiösen Angebote
Beim Studium der Weltkulturen und Weltreligionen entdeckte ich etwas Erstaunliches. Zunächst einmal fällt auf, dass alle Kulturen in allen Volksgruppen, die traditionellen Stammeskulturen so wie

die klassischen Hochkulturen, ein Wissen von der Existenz einer Dimension haben, die unseren Erfahrungshorizont übersteigt.

Einfacher gesagt, die Menschen sind religiös und glauben an höhere Mächte, an das Göttliche oder an Gott. Echte Atheisten sind menschheitsgeschichtlich in der absoluten Minderzahl. Der theoretische Atheismus ist das Produkt der so genannten Aufklärung im Abendland. Dass er aber sehr brüchig ist, zeigt das spirituelle Wiedererwachen in Europa. Der Ur-Buddhismus ist auch von der Tendenz her atheistisch. Als Buddha nach Gott gefragt wurde, antwortete, er wüsste nichts darüber, würde aber stattdessen den »achtfachen Pfad« zur Überwindung des Leides lehren. Doch abgesehen vom theoretischen Atheismus eines Teils der modernen Aufklärung und dem unwissenden Atheismus Buddhas ist es so: Die Menschen haben ein Bewusstsein für das Göttliche. Aufs Ganze gesehen ahnen sie, dass es mehr gibt, als die fünf Sinne erfassen können. Sie glauben an Geister, Götter, Ahnen, Dämonen, an Mächte und Gewalten, und durch alles hindurch an Gott.

Die religiöse Frage ist eine Grundfrage der Menschheit. Woher kommen wir? Wohin gehen wir? Wozu sind wir da? Wer steht hinter allem? Auf diese Fragen finden sich unzählige Antworten. Jedes Volk, jede Stammesgruppe hat ihre eigenen Vorstellungen davon hervorgebracht, wer oder was Gott ist. Das alles ausführlich darzustellen, ist fast unmöglich. Hier möchte ich nur einen Punkt unterstreichen, nämlich diesen: Dass wir Menschen überhaupt solch eine Sehnsucht haben, ist ein Hinweis darauf, dass es in der Tat eine Wirklichkeit geben kann – oder geben muss –, die auf diese offene Menschheitsfrage antwortet. Mit anderen Worten: Die dem Menschen innewohnende Religiosität ist ein Hinweis darauf, dass es wirklich das oder den gibt, auf den dieses religiöse Bewusstsein zielt. Es gibt den Gott, nach dem er sich sehnt, wirklich. Doch kann aus diesem abgeleiteten Rückschluss auch eine Gewissheit werden? Wo können wir auf diesem Jahrmarkt der religiösen Angebote Gewissheit finden, dass wir nicht einem Trugbild nachlaufen?

Das Fenster zum Himmel

Spätestens an dieser Stelle kommt Jesus ins Spiel. Denn er ist nach Aussage der Bibel nichts anderes als die Stelle in dieser Welt, wo wir durch den Horizont schauen können. Jesus ist das offene Fenster in die Wirklichkeit des unsichtbaren Gottes hinein.

Hier ist auch der Unterschied zu den vielen Religionen, die sich in der Menschheit entwickelt haben. Sie laufen letztlich immer darauf hinaus, dass der Mensch den Weg zu Gott sucht, dass er sich anstrengt, bemüht, betet, fastet, sich kasteit und viele andere Übungen macht, um sich Gott zu nähern. Das ist der Versuch, sich »von unten nach oben« hochzuarbeiten, aus der menschlichen Sphäre in die göttliche.

Doch das, was wir von Jesus hören, ist völlig anders. Er macht sich auf den Weg zu uns. Er kommt »von oben nach unten«. In Jesus Christus durchbricht Gott die Mauer der Unsichtbarkeit und Unerkennbarkeit und gibt sich zu erkennen. Der ewige Gott wird anfassbar und begreifbar. Wenn wir Jesus Christus anschauen, entdecken wir in ihm das Bild des ewigen Gottes.

Seine Worte, seine Taten, sein Leben und sein Wesen sind wie ein Fenster, durch das das Licht Gottes strahlt. Im Brief an die Christen der kleinasiatischen Stadt Kolossä schreibt Paulus über Jesus:

»Er ist das Ebenbild des unsichtbaren Gottes, der Erstgeborene vor aller Schöpfung. Denn in ihm ist alles geschaffen, was im Himmel und auf Erden ist, das Sichtbare und das Unsichtbare, es seien Throne oder Herrschaften oder Mächte oder Gewalten; es ist alles durch ihn und zu ihm geschaffen. Und er ist vor allem, und es besteht alles in ihm.«

(Paulus, Kolosserbrief 1,15–17)

Mit anderen Worten: Der ewige, unsichtbare Gott, der Schöpfer und Erhalter der Welt, dem alle Mächte, Gewalten und Kräfte untertan sind, aus dessen Willen das Universum entstanden ist, ist sichtbar, erkennbar und begreifbar in Jesus Christus. Jesus ist das »Ebenbild«, oder anders gesagt, das »wahre Bild« des unabbildbaren Gottes.

Verständliche Kommunikation?

Um diese großen Worte und Wahrheiten etwas anschaulicher zu machen, möchte ich eine kleine Beispielgeschichte verwenden. Stellen Sie sich vor, Sie sind begeisterter Jogger und laufen regelmäßig im Wald. Sie benutzen immer dieselbe Route und kennen inzwischen jeden Stock und Stein. Am Wegrand ist ein Ameisenhaufen, auf dem die Ameisen hin und her laufen. Jedes Mal, wenn Sie vorbeilaufen, winken Sie den Ameisen freundlich zu. Irgendwie haben Sie das Gefühl, dass es eine Art Kommunikation zwischen Ihnen und den Ameisen gibt.

Eines Tages lesen Sie in der Zeitung, dass genau an dieser Stelle im Wald eine neue Straße gebaut wird. In wenigen Wochen sollen die Bauarbeiten anfangen. Ihnen ist klar: Die Ameisen sind in Gefahr! Wenn erst einmal die Bulldozer kommen, ist es für sie aus. Weil Sie nun im Lauf der Zeit dieses fast persönliche Verhältnis zu den Ameisen aufgebaut haben, möchten Sie sie retten. Sie beschließen, die Ameisen zu warnen. Also stoppen Sie beim nächsten Waldlauf vor dem Ameisenhaufen und fangen an zu gestikulieren und zu sagen:»Liebe Ameisen, hier wird eine Straße gebaut, ich empfehle euch, euren Ameisenbau hundert Meter entfernt zu verlegen, dann seid ihr für die nächsten Jahre sicher!« Doch die Ameisen reagieren nicht, sie laufen weiter hin und her, ohne besonders auf Sie zu achten. Die Ameisen können sie nicht verstehen, egal, ob Sie Hochdeutsch oder im Dialekt oder in einer anderen Sprache reden. Die einzige Möglichkeit, dass Sie mit den Ameisen kommunizieren, wäre, dass Sie selbst zu einer Ameise werden. Stellen wir uns einmal vor, diese unmögliche Vorstellung wäre möglich. Dann kämen Sie jetzt als Ameise zu den Ameisen. Jetzt könnten Sie mit ihnen in der Ameisensprache sprechen und ihnen sagen:»Liebe Ameisen, ich habe vor wenigen Tagen in der Zeitung gelesen, dass hier eine Straße gebaut wird. Ich empfehle euch, euren Bau um hundert Meter zu verlegen!«

Jetzt können die Ameisen Sie verstehen. Denn schließlich sind Sie selbst zu einer Ameise geworden. Das Kommunikationsproblem ist gelöst. Doch es entsteht ein neues Problem. Die Ameisen könnten sagen: »Woher wissen wir denn, dass du eine Ameise bist, die eigentlich ein Mensch ist? Für uns siehst du einfach wie jede andere Ameise aus!«

Authentische Kommunikation!
Wenn wir das – zugegebenermaßen etwas hinkende – Beispiel auf die Frage der Gottesoffenbarung anwenden, dann ist genau das die Frage: Wie kommuniziert Gott mit uns? Jesus beansprucht, der sichtbare Repräsentant des unsichtbaren Gottes zu sein: *»Wer mich sieht, der sieht den Vater!«* (Jesus, Johannesevangelium 14,9). Mit anderen Worten: Gott sendet nicht nur eine Botschaft oder eine Inspiration, eine innere Gewissheit oder ein Buch, sondern er macht sich selbst auf den Weg zu uns, um mit uns zu kommunizieren. Jesus ist eben nicht nur ein Mensch wie jeder andere, sondern ist in Person der menschgewordene Gott. Oder, um es mit dem altkirchlichen Bekenntnis zu sagen: Er ist wahrer Mensch und zugleich wahrer Gott. Ein weiteres Beispiel kann diesen scheinbaren Widerspruch, besser gesagt: dieses Ineinandergreifen der Dimensionen deutlich machen. Stellen wir uns eine Welt vor, die nur aus zwei Dimensionen besteht, Länge und Breite. Es gibt in dieser Flachwelt keine Höhe oder Tiefe. Alle Wesen sind somit nur zweidimensional. Wenn jetzt ein dreidimensionales Wesen auf dieser Welt herumspazieren würde, würden innerhalb dieser Flachwelt nur die zwei Dimensionen wahrgenommen. Also würde vom Fuß nur die Fußsohle sichtbar und erkennbar sein. Die Flachwesen in der Flachwelt würden annehmen müssen, dass diese Fußsohle alles ist, ohne zu ahnen, dass es darüber noch eine ganz andere Dimension gibt; dass das Wesen, das sie besucht, auch noch in die Höhe ragt. Der Teil, den die Flachwesen wahrnehmen könnten, wäre ein wirklicher, echter Teil des dreidimensionalen Besuchers. Und doch überragt er die zweidimensionale Flachwelt unendlich.

Der Schöpfer in der Schöpfung
Was würde geschehen, wenn der Schöpfer wirklich in die von ihm geschaffene Schöpfung einträte? Es gibt nur zwei Möglichkeiten:

Entweder würde die begrenzte Schöpfung aufgesprengt, weil sie den unbegrenzten Schöpfer nicht fassen kann. Oder der Schöpfer müsste sich selbst begrenzen. Im Bild der Dimensionen gesprochen: Er müsste sich selbst reduzieren auf die begrenzt-dimensionale Welt von Raum und Zeit.

Diesen Vorgang beschreibt ein früher Hymnus, den Paulus schon in seinem Brief an die Christen in der griechischen Stadt Philippi zitiert, gerade zwei Jahrzehnte nach dem Tod und der Auferstehung von Jesus. In eindrücklicher Weise besangen die ersten Christen diesen alle Vorstellung übersteigenden Vorgang, dass der Schöpfer in die Schöpfung eintritt:

»Er, der in göttlicher Gestalt war,
hielt es nicht für einen Raub, Gott gleich zu sein,
sondern entäußerte sich selbst und nahm Knechtsgestalt an,
ward den Menschen gleich und der Erscheinung nach als Mensch
erkannt. Er erniedrigte sich selbst und ward gehorsam bis zum
Tode, ja zum Tode am Kreuz.«

(Paulus, Philipperbrief 2,6–8)

Dieser Hymnus besingt Jesus und beschreibt, wie er die göttliche Dimension verließ, um ganz hineinzukommen in unsere Welt. Er kam nicht nur zu Besuch, sondern wurde ganz und gar Mensch, bis in die allerletzte Konsequenz hinein, bis in den Tod.

Wenn das stimmt, dann ist Jesus in der Tat der Schlüssel. Er öffnet uns in seiner Person die für uns verborgene Dimension des ewigen Gottes. Der Mensch Jesus Christus ist innerhalb der geschaffenen Wirklichkeit der wahre, authentische Repräsentant des Schöpfers, der die Schöpfung übersteigt.

Ein sicherer Grund

Deshalb glaube ich an Jesus Christus. Denn nur hier kann ich Gewissheit finden über den ewigen Gott. Das, was ich in Jesus entdecke, ist echt, wahr und authentisch. Ich erkenne: Hinter der Welt steht nicht ein unpersönliches Prinzip, ein blinder Zufall, auch nicht eine Mehrzahl von einander widerstreitenden Mächten, sondern ein Schöpfer, der sich offenbaren will. Und der sich in dem Menschen Jesus von Nazareth selbst vorstellt. Das ist das Ende der Unsicherheit, der Ungewissheit in Sachen Gott. Endlich können wir den unsichtbaren Gott erkennen. Und wir erkennen nicht nur, dass er existiert, sondern wie er ist. Gott ist wie Jesus! Noch mehr: Jesus ist Gott. Gott, in unsere Raum-Zeit-Wirklichkeit hineingekommen. Wenn wir Jesus begegnen, erkennen wir, wer Gott wirklich ist. Er ist allmächtig und unbegreiflich. Doch im Innersten ist sein Wesen Liebe, Liebe, die sich selbst hingibt. Deshalb ist auch das Kreuz so zentral. Denn hier offenbart sich das tiefste Geheimnis Gottes.

Das göttliche Paradox

Deshalb wenden wir noch einmal unseren Blick zurück zum Kreuz. Der scheinbare Widerspruch zwischen dem elenden Sterben von Jesus und unseren Bildern von Gottes Macht, zwischen unseren Erwartungen, wie Gott sich zeigen oder eingreifen müsste, und seinem scheinbaren Schweigen angesichts des ungerechten Leidens seines Gesandten, wird nicht durch menschliche Maßnahmen oder Mittel aufgelöst. Jesus schlug nicht zurück, als er geschlagen wurde. Er setzte seine Macht, die Naturgewalten zu bewegen und die Engelheere Gottes zu rufen, nicht ein, als es um sein eigenes Leben ging. Vielmehr ging er bewusst den Weg ins Leiden, in der Erfüllung der Voraussagen, die Jahrhunderte zuvor durch den Propheten Jesaja gemacht wurden:

»Er hatte keine Gestalt und Hoheit. Wir sahen ihn, aber da war keine Gestalt, die uns gefallen hätte. Er war der Allerverachtetste und Unwerteste, voller Schmerzen und Krankheit. Er war so verachtet, dass man das Angesicht vor ihm verbarg; darum haben wir ihn für nichts geachtet. ... Als er gemartert ward, litt er doch willig und tat seinen Mund nicht auf wie ein Lamm, das zur Schlachtbank geführt wird; und wie ein Schaf, das verstummt vor seinem Scherer, tat er seinen Mund nicht auf« (Auszüge aus Jesaja, Kapitel 53).

Warum? Weil Gott eben genau so ist! Das ist das göttliche Paradox, dass an dieser Stelle der größten Schande und des größten Leidens die Offenbarung des Herzens Gottes geschieht.

Es ist seine Liebe, die Jesus an den tiefsten Ort treibt. Am Kreuz identifiziert er sich mit der geschundenen Kreatur und nimmt deren Leiden auf sich.

Wir sehen: Jesus ist ganz und gar einer von uns. Und gleichzeitig: Jesus ist völlig anders. Jesus gehört ganz zu uns – und gleichzeitig gehört er ganz auf die Seite Gottes.

Der Wendepunkt der Weltgeschichte

Dass der Mann der Schmerzen zugleich Herr der ganzen Schöpfung ist, zeigt das unvorhersagbare, souveräne Handeln Gottes. Am Tag drei nach der Kreuzigung erweckt er durch einen Schöpfungsakt den toten Jesus wieder auf und bestätigt somit, dass dieser in Wahrheit der Retter der Welt ist.

Sein Sterben am Kreuz ist nicht das Ende, sondern wird aufgehoben im Sieg der Auferweckung von den Toten.

Hier liegt der Grund dafür, dass die Faszination, die von Jesus ausgeht, niemals enden wird, dass er sich immer wieder, auch in scheinbarer Schwachheit, durchsetzen wird, dass seine Gemeinde, auch wenn sie noch so verfolgt wird, niemals untergehen wird und am Ende jeder Mensch wird bekennen müssen, dass Jesus Christus wirklich der »Herr« ist, der von Gott eingesetzte Weltenrichter. Nicht ein »Superstar«, angehimmelt von begeisterten Fans, sondern die Zentralgestalt der Weltenrichter, sondern Alpha und Omega, der Anfang und das Ende aller Dinge.

Nicht seine machtvollen Heilungen, seine erstaunlichen Wunder, seine Lehre oder sein beispielhaftes Leben machen Jesus einzigartig, sondern einfach diese Tatsache: Dass er der einzige ist, der sein Leben für die Erlösung der Welt gab und dass er am Ende das letzte Wort haben wird.

Deshalb folge ich ihm nach: Ich habe erkannt, dass ich durch Jesus Christus in Kontakt komme mit dem wahren, lebendigen Gott.

5. ABENTEUER
Weil mein Leben durch Jesus Christus Inhalt gewinnt

Wer aber von dem Wasser trinken wird, das ich ihm gebe,
den wird in Ewigkeit nicht dürsten, sondern das Wasser,
das ich ihm geben werde, das wird in ihm eine Quelle
des Wassers werden, das in das ewige Leben quillt.
Jesus, Johannesevangelium 4,14

Trübe Aussichten?
Ich habe es vorhin schon erwähnt: Als ich mich mit dem Gedanken
beschäftigte, ob ich Christ werden sollte, stiegen alle möglichen Vorstellungen in mir hoch. Ich will es nicht Horrorbilder nennen, aber
es war wie eine Art Tunnelblick. Ich dachte: Wenn ich Christ werde,
wird mein Leben eingeengt, uninteressant, vorhersagbar. Oder, um
ein Wort zu benutzen, was damals meine Ängste vielleicht am besten
beschrieb: verbürgerlicht. Wobei das Wort aus meiner heutigen Sicht
nicht mehr ganz die negativen Anklänge hat wie für mich damals.
Auf jeden Fall dachte ich, wenn ich Christ werde, wird mein Leben
öde, trüb und langweilig.

Ich bin mir nicht sicher, woher diese Gedanken kamen. Vielleicht
war es einfach so, dass ich als Jugendlicher das, was ich als Kirche
erlebe, eins zu eins mit Christsein setzte.

Doch zwischen Kirche, wie wir sie heute erleben, und zwischen
Jesus Christus ist ein ungeheurer Unterschied. Das wurde mir Stück
für Stück klar. Jesus Christus selbst ist anders als viele derer, die sich
nach ihm nennen. Um es lapidar zu sagen: Der Chef ist attraktiver
als manche aus seinem Bodenpersonal. Und das heißt: Ich muss
mich an Jesus selbst orientieren. Das war mein Ziel. Jesus zu entdecken. Ihn besser kennen zu lernen und mein Leben nach seinem
Vorbild aufzubauen.

Zwei Wege – ein Leben

Als ich mich auf den Weg machte, Jesus nachzufolgen, war das der Start einer spannenden Entdeckungsreise. Zuerst einmal musste ich meine Vorurteile hinter mir lassen und mich ganz persönlich auf dieses Abenteuer einlassen. Nachfolge ist wie ein Weg, wie eine Wanderung. Und irgendwann muss man starten.

Der erste Schritt bestand darin, dass ich mich bewusst dafür entschied, diesen Weg zu gehen. Mir wurde klar, dass es im Grunde genommen zwei Möglichkeiten gab, wie ich mein Leben führen kann. Die eine besteht darin, dass ich es ganz in meine eigenen Hände nehme. Dass ich beschließe, mein eigener Chef zu sein und das Bestmögliche aus mir selbst herausholen. Dies ist der Weg der Selbstführung. Ich gebe selbst die Marschrichtung vor und folge ihr.

Der andere Weg ist dem ganz entgegengesetzt. Es ist der Weg, wo ich mich bewusst entschließe, Jesus nachzufolgen. Jesus, von dem ich weiß, dass er nicht tot ist, sondern hier und jetzt und zu jedem Zeitpunkt gegenwärtig ist, soll der Führer meines Lebens sein. Mir wurde klar, dass ich an eine Weggabelung gekommen war und mich für den einen oder den anderen Weg entscheiden muss.

Jeder Mensch steht irgendwann an diesem Scheideweg. Vielleicht ist die Alternative nicht immer so deutlich, wie sie mir damals wurde. Aber es gibt, so glaube ich, im Leben jedes Menschen die Punkte oder den einen Punkt, wo er vor der Frage steht, ob er sich auf die Sache mit dem Glauben einlässt, ganz elementar und existentiell, ganz grundlegend und persönlich, oder ob er doch lieber einen Rückzieher macht.

An dieser Stelle angekommen, spürte ich, dass trotz meiner negativen Gefühle, meiner Vorurteile und Ängste auf der anderen Seite sich für mich eine echte Lebensmöglichkeit eröffnete. Ich merkte, dass da nicht nur eine abstrakte Größe wie »Glaube« oder »Religion« war, sondern dass jenseits der Schwelle eine Person auf mich wartete.

Im Bild gesprochen, dass dort Jesus stand und mir die Hand entgegenhielt. Dass er mich ermunternd anschaute und mir sagte, was er schon unzähligen Menschen gesagt hat: »Komm und folge mir nach!«

Auf einmal gab es für mich nicht mehr zwei Wege, sondern nur noch einen. Und ich merkte: Dieser war der Weg zum Leben. Damit war die Entscheidung dann nicht mehr schwer, sondern nur noch folgerichtig. Im Nachhinein, in der Reflexion, kann ich es eigentlich nur mit ganz einfachen Worten ausdrücken: Ich merkte, dass Jesus da war. Ich hörte, wie er meinen Namen nannte und mich zu sich rief. Ich machte mich auf und begann, ihm nachzufolgen.

Die Erfahrung des lebendigen Gottes

Dieser Schritt war der entscheidende Wendepunkt. Es war nicht so, dass ich als Person von diesem Augenblick an ganz anders geworden wäre. Aber – ich war dem begegnet, der ganz anders ist. Und den ich unbedingt brauchte, um das zu werden, was ich sein sollte und sein wollte. Ich war dem lebendigen Gott begegnet.

Der französische Philosoph und Mathematiker Blaise Pascal (1623–1662) hatte eine Erfahrung, die das, was ich hier zu beschreiben versuche, anschaulich ausdrückt. Nach seinem Tod fand man in den Saum seiner Jacke genäht einen Zettel, auf dem er diese Begegnung mit dem lebendigen Gott beschreibt. Er, der einer der größten Forscher seiner Zeit war, ja, den man zu den herausragendsten Geistesgrößen aller Zeiten zählen muss, begegnete dem, der ihn unendlich überstieg. Und der ihm doch ganz nahe kam. Er begegnete Gott in Jesus Christus.

Sein Memorandum, in dem er diese Erfahrung beschreibt, ist von ungeheurer Wucht und Unmittelbarkeit. Unter einem Kreuz, das von Strahlen umrahmt ist, schreibt er:

Im Jahr der Gnade 1654 ...

Von ungefähr zehn und einhalb Uhr am Abend,
bis ungefähr eine halbe Stunde nach Mitternacht.
FEUER
Gott Abrahams, Gott Isaaks, Gott Jakobs,

Nicht der Philosophen und Gelehrten,
Gewissheit, Gewissheit, Empfindung, Freude, Friede.
Gott Jesu Christi.
Deum meum et Deum vestrum.
Mein Gott soll dein Gott sein.
Vergessen der Welt und aller Dinge.
Ausgenommen Gott.
Er wird nur gefunden auf den Wegen, die
im Evangelium gelehrt sind.
Freude, Freude, Freude, Tränen der Freude.
Ich habe mich von ihm getrennt.

Wer diese Worte liest, merkt, dass Pascal mit seiner Ausdrucksfähigkeit an die Grenzen kommt. Er kann seine Erfahrung eigentlich nur mit diesem Wort zusammenfassen: Feuer. So alles ergreifend, so elementar wie diese Naturgewalt ist diese Gottesbegegnung für ihn. Und sie löst Freude aus, Tränen der Freude. Und gleichzeitig die Erkenntnis, dass er sich von Gott getrennt hat. Doch das führt ihn nicht zur Verzweiflung, sondern zur noch größeren Freude, dass Gott sich ihm gezeigt hat.

Pascal erkennt: Gott hat ein Gesicht. Er ist nicht der abstrakte, theoretische Gott der Philosophie, sondern der persönliche Gott der Geschichte. Der Gott, der sich schon Abraham und seinen Nachkommen zugewandt hat. Der Gott, den wir im Evangelium erkennen können. Der Gott, der sich in einem Menschen endgültig zu erkennen gegeben hat, nämlich in Jesus Christus. In ihm begegnete Pascal dem lebendigen Gott. Diese Erfahrung bestimmte von da an sein Denken und Fühlen, seinen Blick auf die Welt, auf sich selbst und seine Wahrnehmung dessen, der im Mittelpunkt nicht nur zu ahnen, sondern auch zu finden ist.

Entdeckungsreise Glauben
Dieses Erlebnis von Blaise Pascal ist häufig als seine Bekehrung bezeichnet worden. Was ist eigentlich eine Bekehrung? Dieses nicht sehr beliebte, sperrige, unbequeme Wort bezeichnet den Vorgang,

wo sich ein Mensch bewusst auf Gott einlässt. Wo er innehält, eine Umkehr vollzieht und von diesem Zeitpunkt an auf einem neuen Weg geht.

Für mich bestand dieser Punkt in einer bewussten Entscheidung, Jesus Christus nachzufolgen. In den Evangelien hatte ich gelesen, dass Jesus Menschen mit dieser Aufforderung konfrontierte: »Komm und folge mir nach!« Manche lehnten es ab, wie der reiche junge Mann, dem dieser Weg zu hart und entbehrungsreich erschien (Lukasevangelium 18,18–23). Andere, wie Petrus, nahmen diese Herausforderung an, wenn auch mit Vorbehalten und Selbstzweifeln, und machten sich auf den Weg (Lukasevangelium 5,1–11).

Für mich war klar, dass ich an einer Lebenswende stand. Der Schritt auf Jesus Christus zu war nur der Anfang einer lebenslangen Reise. Aber er war notwendig. Denn nur wer den ersten Schritt tut, kann auch den zweiten und den dritten und den tausendsten nehmen. Mir wurde klar, dass ich Glauben und Nachfolge nicht nur theoretisch denken konnte, sondern ganzheitlich leben und gestalten musste.

Der Theologe Martin Kähler (1835–1912) hat diese Tatsache in einer Gebetszeile ausgedrückt, die mich immer wieder anspricht:

»Hilf aus den Gedanken ins Leben hinein,
ganz ohne Wanken dein eigen zu sein.«

Darum geht es bei der Nachfolge: Ins Leben hinein gehen. Nicht vor dem Leben in eine fromme Ecke zu fliehen, sondern mitten im Alltag als Christ zu leben. Und zu entdecken, dass Jesus mitten im Alltag anzutreffen ist.

Seit diesen ersten Schritten sind Jahre und Jahrzehnte vergangen. Sie waren alles andere als trübsinnig oder langweilig. Das Gegenteil ist der Fall. Ich kann mir nichts Spannenderes vorstellen, als unterwegs zu sein mit Jesus Christus.

Inhalt und Weite

Jesus ist zum Zentrum meines Lebens geworden. Seine Worte sind für mich inhaltliche Richtlinien und bestimmen die Grundkoordinaten und Werte. Doch führt genau diese Bindung an Christus nicht in eine geistige oder emotionale Enge, sondern in eine große Weite. Im Bild gesprochen: Wer den einen Schenkel des Zirkels fest in den Mittelpunkt setzt, kann mit dem anderen Schenkel weite Kreise ziehen. Wenn ich in Jesus Christus verankert bin, kann mein Leben einen weiten Radius beschreiben.

Für mich persönlich führte diese Entdeckungsreise mit Jesus bis heute in alle Kontinente. Die Entdeckung anderer Sprachen und Kulturen gehörte genauso dazu wie die Bewältigung des ganz normalen Alltags. Diese Reise führte in eine spannende Ehe und zu einem Leben in verbindlicher Gemeinschaft mit anderen Christen. Sie führte mich an die Grenzen meiner Belastbarkeit und ließ mich immer neu Wunder erleben. Sie stellte mich vor Aufgaben und Herausforderungen, die ich mir nie selbst gesucht hätte.

Nachfolge ist nichts Statisches, sondern ungeheuer dynamisch. Christsein ist kein Standpunkt, sondern eine Reise. Eine Reise nach innen, bei der ich mich selbst immer besser kennen lerne. Eine Reise nach außen, auf der ich die Welt und Gottes Spuren in ihr entdecken kann. Eine Reise zu Gott, der Anfang und Ende, Ursprung und Ziel ist.

Nachfolge ist ein Abenteuer, das immer weiter geht. Die Zukunft ist offen. Es bleibt spannend.

6. VERSÖHNUNG
Weil Jesus Christus mit meiner Schuld fertig wird

Wenn wir sagen, wir haben keine Sünde, so betrügen wir uns selbst.
Erster Johannesbrief 1,8

Tabuthema Schuld?
Es ist mir unangenehm, dass ich jetzt auch dieses Thema anpacken muss. Über Schuld zu sprechen, genauer gesagt, über die eigene, persönliche Schuld, liegt nicht im Trend der Zeit. Weder unsere Gesellschaft als ganze noch wir als Einzelne sind so gestrickt, dass wir gerne Fehler oder Versagen, Schuldigbleiben oder Schuldigwerden zugeben. Das Thema Schuld ist unbequem, lästig und störend.

Das bedeutet jedoch nicht, dass bei uns das Thema Schuld ganz ausgeblendet ist. Es gibt in der gesellschaftlichen Wahrnehmung sehr wohl Missstände, die nicht als naturgegeben angesehen werden. Bei denen die Verursacher gesucht und auch gefunden werden. Mit anderen Worten: Die Schuldigen.

Nur, das Spannende ist: Schuld sind immer die anderen! Schuld wird sehr wohl beim Namen genannt, aber vor allem die Schuld der anderen. Die Schuld der Gesellschaft. Die Schuld der Eltern, des Ehepartners, der Kinder, der Lehrer, der Politiker, der Vorgesetzten, der Untergebenen, der Ärzte, der Unternehmer, der Arbeitnehmer und so weiter und so fort. Es wird unendlich viel über Schuld gesprochen, doch kaum über die eigene. Das ist offensichtlich ein Tabu.

Wenn es sich überhaupt nicht vermeiden lässt, auch eigene Schuld zuzugeben, sind wir dann aber ganz schnell dabei, alle möglichen äußeren und inneren Gründe anzuführen, warum wir gerade so handeln mussten und gar nicht anders konnten. Warum es unvermeidlich war, dass wir dies oder das getan haben, und dass letztlich ja doch andere daran schuld sind, dass ich mich zu diesem Zeitpunkt so verhalten musste.

Mit anderen Worten: Beim geringsten Anzeichen, dass das Urteil »Schuldig!« uns treffen könnte, suchen wir nach einer Möglichkeit, dieses von uns abzuleiten auf andere. Wir sind Meister darin, eigene Schuld zu leugnen und gleichzeitig anderen Schuld zuzuweisen. Dass das ein grundlegender Widerspruch ist, scheint uns nicht zu bekümmern. So setzt sich der Kreislauf der Schuldweiterleitung bis ins Unendliche fort.

Unangenehme Wahrheiten
Doch auf Dauer hilft das nicht weiter. Es ist eine Tatsache, dass Menschen schuldig werden. Die Folgen sind überall in der Welt sichtbar. Streit in zwischenmenschlichen Beziehungen, Grausamkeit gegenüber Schwächeren, Gleichgültigkeit gegenüber Leiden, Suchen des eigenen Vorteils auf Kosten anderer, Unehrlichkeiten und Betrug, Bruch eines gegebenen Versprechens und Aneignung fremden Besitzes, das Inkaufnehmen von Kriegen und eigentlich vermeidbaren Hungersnöten, Verleumdung und üble Nachrede, Hass und Mordgedanken – die Liste ließe sich fast ins Unendliche fortsetzen.

Es ist eine nicht zu leugnende Tatsache, dass Menschen an Menschen schuldig werden, ständig und immer neu. Das ist eine unangenehme Wahrheit.

Vielleicht noch unangenehmer für mich ist die Tatsache, dass ich selbst auch schuldig geworden bin. Eine kritische Hinterfragung meines Lebens bringt das an den Tag. Um Schuld in meinem eigenen Verhalten zu entdecken, brauche ich noch nicht einmal das Bürgerliche Gesetzbuch oder die Zehn Gebote zu bemühen. Ich brauche nur eine kleine Übung zu machen: All die Dinge, die ich bei anderen kritisiere, die Urteile, die ich über ihr Verhalten fälle, nehme ich als Maßstab für die Selbstbeurteilung. Und dann merke ich, wie doppelbödig mein Urteil häufig ist: Das, was ich bei anderen anprangere, lasse ich bei mir leicht durchgehen. Das, was ich von ihnen einfordere, tue ich selbst aber nicht.

So muss ich schon allein auf der Grundlage meines eigenen Wertemaßstabs, den ich an andere anlege, erkennen, dass ich ihm ebenso wenig genüge wie sie. Anders ausgedrückt: Zwischen dem, was ich für richtig und recht halte, und dem, was ich umsetze, klafft eine riesige Lücke. Das, was ich für richtig halte, tue ich nicht. Ich erkenne, dass ich an meinen Mitmenschen schuldig geworden bin, in den Dingen, die ich gesagt und getan habe, und auch in dem, was ich unterlassen und nicht getan habe. Ich muss bekennen, mit dem alten Sündenbekenntnis, das häufig in Gottesdiensten gesprochen wird: »Ich habe gesündigt, in Gedanken, Worten und Werken, in den Dingen, die ich getan habe, und denen, die ich nicht getan habe.«

Das tiefer liegende Dilemma

Wenn ich an diesem Punkt angelangt bin, erscheint schon der Lichtschein der Hoffnung am Horizont. Denn solange ich leugne, überhaupt etwas falsch gemacht zu haben, so lange kann ich mich auch nicht ändern oder einen neuen Kurs einschlagen. Es erschüttert mich immer wieder, wie blind wir sein können für unseren eigenen Anteil an Konflikten, für unsere Schuld an einer Situation.

Es ist mir unverständlich, dass Menschen am Ende ihres Lebens da stehen und sagen können, sie hätten nie etwas Falsches oder Böses getan. Aber anscheinend haben wir die Fähigkeit, eigene Fehler auszublenden, während wir gleichzeitig die Fehler der anderen überdeutlich wahrnehmen.

Doch das eigentliche Problem liegt noch tiefer als in der mangelhaften Wahrnehmung von Schuld. Das wirkliche Dilemma zeigt sich, wenn jemand ernsthaft versucht, sein Leben zu ändern. Denn dann offenbart sich erst in ganzer Deutlichkeit, dass die Neigung zum Bösen tief in uns eingewurzelt ist. Auch dies ist, das weiß ich, eine Aussage, die im höchsten Grad politisch inkorrekt ist. Doch es ist eine Tatsache: Das, was ich an Gutem erkannt habe und eigentlich will, tue ich häufig nicht. Und das, was ich verabscheue und nicht will, tue ich trotzdem. Und ich kann dies nicht so leicht durch einen Vorsatz oder eine bewusste Willensanstrengung ändern.

Der Apostel Paulus beschreibt diesen Konflikt in der menschlichen Persönlichkeit in klassischer Weise:

»Denn ich weiß nicht, was ich tue.
Denn ich tue nicht, was ich will;
sondern was ich hasse, das tue ich.
Wollen habe ich wohl,
aber das Gute vollbringen kann ich nicht.
Denn das Gute, das ich will, das tue ich nicht;
sondern das Böse, das ich nicht will,
das tue ich. ...
Ich elender Mensch! Wer wird mich erlösen
von diesem todverfallenen Leibe?«

(Paulus, Römerbrief 7,15–24 in Auszügen)

Das eigentliche Dilemma ist nach der Analyse der Bibel nicht die einzelne schuldhafte Handlung, sondern die Macht, die das Negative, oder, um den biblischen Begriff zu nehmen, die Sünde über den Menschen hat. Schuldigwerden ist nach biblischer Auffassung somit keine Option, die man mit ein bisschen gutem Willen überwinden kann, sondern der Mensch ist gefangen in der Macht der Sünde. Sie wird in der Bibel als eine Großmacht beschrieben, die den Menschen in ihrer Gewalt hat und aus der er nicht aus eigener Kraft entkommen kann. Er braucht die Erlösung, die von außen kommt. Er braucht eine Kraft, die größer ist als er selbst.

Die Sehnsucht nach Erlösung

Die gegenwärtige Tabuisierung des Themas Schuld und Sünde in der westlichen Gesellschaft sollte uns nicht darüber hinweg täuschen, dass die Frage nach dem Schuldigwerden und der Vergebung zu den grundlegenden Fragen und Erfahrungen der Menschheit gehört. In allen Religionen geht es um die Frage, wie der Mensch erlöst werden kann von der Macht des Negativen.

Die klassischen griechischen Tragödien kreisen um diese Grunderfahrung des schicksalhaften Schuldigwerdens. Wohin der Mensch sich auch wendet, er ist konfrontiert mit der Tatsache, dass er nicht nur unter der Schuld der anderen zu leiden hat, sondern dass er selbst auch schuldig wird. Schuld ist wie eine negative Energie, die weitergegeben wird.

Der Hinduismus spricht vom Karma, der angesammelten Schuld und Sünde der Generationen, und erhofft sich den Eingang in den erlösten Zustand durch Abarbeiten der negativen Energie.

Im Buddhismus versucht man, den endlosen Kreislauf der Wiedergeburten, den eine Seele aufgrund ihrer Schuld zu durchlaufen hat, dadurch anzuhalten, dass man sich in der Kunst der Verneinung übt, Leiden, das aus der Schuld stammt und Leidenschaften, die zum Schuldigwerden führen, zu überwinden durch Abkehr von allem, was das Herz anstrebt. Diese Selbstabtötung, so hofft man, führt zur Erlösung aus dem Kreislauf, der immer neu durch Schuld angetrieben wird.

Das Sehnen nach Erlösung aus diesem Kreislauf der Schuld, ob er nun buddhistisch oder hinduistisch gedacht wird oder kollektiv wie in vielen traditionellen Religionen, ist eine der geheimen Unterströmungen der Menschheitsgeschichte.

Dimensionen von Schuld

Doch trotz alles Suchens nach Antworten bleibt die Frage: Wie kann ein Mensch gewiss werden, dass seine Schuld vergeben ist? Wer hat die Autorität und Kraft, zu bewirken, dass Erlösung nicht nur eine Sehnsucht oder Hoffnung bleibt, sondern Wirklichkeit wird? Wer kann das lösende Wort sprechen?

Wenn ich gegenüber einem Menschen schuldig geworden bin, kann dieser mir zusprechen: »Ich vergebe dir!« Doch es gibt eine Dimension von Schuld, die weit über das hinausgeht. Schuld geschieht nicht nur zwischen Personen, sondern übersteigt diese Ebene. Sie ist nicht nur interpersonal, sondern auch transpersonal.

Schuld gegenüber der Schöpfung und den Geschöpfen kann letztlich nur der Schöpfer selbst vergeben. Mit anderen Worten: Auch bei innerweltlicher Schuld ist immer eine übergreifende Dimension dabei. Denn alles, was existiert, hängt zusammen. Alles, was wir tun, hat Auswirkungen, die weit über den gegenwärtigen Augenblick hinausgehen.

Schuld ist nicht nur etwas individuelles, das einer mit sich allein ausmachen kann, oder nur etwas zwischen zwei Menschen, sondern hat diesen übergreifenden Aspekt.

Der heimkehrende Sohn in der Geschichte, die Jesus einmal erzählt, weiß das und drückt es aus: »*Vater, ich habe gesündigt gegen den Himmel und vor dir; ich bin hinfort nicht mehr wert, dass ich dein Sohn heiße*« (Lukasevangelium 15,21).

So wird deutlich: Das erlösende Wort in der Schuldfrage kann letztlich nur Gott sprechen.

Die Notwendigkeit der Wiedergutmachung

In der Menschheit ist das Bewusstsein tief verwurzelt, dass es einen Zusammenhang zwischen Schuld und Tod gibt. Der Schuldige verwirkt, zumindest bei großer Schuld, sein Recht auf Leben. Das Gesetz »Auge um Auge, Zahn um Zahn, Leben um Leben« ist tief im Bewusstsein verwurzelt. In der einfachsten Form erscheint es als: »Wie du mir, so ich dir!« Schuld stört die Beziehungen und zerstört das Gleichgewicht. Schuld kann nicht ohne Folgen bleiben.

Das Bewusstsein, dass Schuld wieder gutgemacht, oder, um es mit einem alten Wort zu sagen, gesühnt werden muss, führt zu zwei verschiedenen Lösungsansätzen, zu zwei verschiedenen Wegen, mit Schuld fertig zu werden.

Der eine ist der Versuch, die Schuld auf irgendeine Weise abzuarbeiten. Mit anderen Worten, sich selbst Übungen oder Strafen aufzuerlegen, um so das Getane wieder gutzumachen. Man muss etwas opfern, Kraft, Zeit, Anstrengung, man muss zu einem Ort pilgern oder sich selbst geißeln, um von seiner Schuld befreit zu werden, man muss etwas Wertvolles abgeben, um die Schuld zu sühnen.

Der andere Weg ist damit verbunden. Er besteht darin, die Schuld stellvertretend auf einen anderen zu legen. Hier übernimmt ein Stellvertreter die Strafe. Häufig ist dies ein Tier, dass geschlachtet wird.

Dass in allen Kulturen und Religionen dieser Zusammenhang zwischen Schuld und Opfer besteht, ist erstaunlich und weist auf eine tiefer liegende Wirklichkeit hin.

Das notwendige Opfer

Der englische Literaturwissenschaftler und Autor C. S. Lewis (1898–1963) beschreibt in seinem Buch »Der König von Narnia« dieses tiefe Wissen in einem Bild. In Narnia herrscht ein Gesetz, dass ein Verräter sterben muss und nur erlöst werden kann, wenn ein Unschuldiger an seiner Stelle den Tod auf sich nimmt. Die »Weiße Hexe«, die böse Tyrannin von Narnia, die dieser Welt einen ewigen Winter aufgezwungen hat, besteht auf diesem Gesetz. Edmund, eins der vier Geschwister, die auf abenteuerliche Weise ihren Weg aus unserer Welt nach Narnia gefunden haben, ist zum Verräter geworden und muss sterben. Doch Aslan, der Löwe, der wahre Herrscher von Narnia, ist gekommen, um seine Welt aus der Macht der bösen Hexe zu befreien. Er bietet sich selbst als unschuldiges Opfer an, um Edmund freizukaufen. In einer Nacht lässt er sich von den Rotten der falschen Königin auf dem uralten Steintisch fesseln und lässt ohne Widerstand zu, dass sie ihn mit ihrem Dolch ermordet. Die »Weiße Hexe« triumphiert. Ihr Widersacher ist tot, und jetzt kann sie endlich ihre böse Macht ohne Widerstand durchsetzen. Was sie allerdings nicht weiß, ist, dass es hinter dem uralten Gesetz von Schuld und Vergeltung ein noch tieferes, älteres Gesetz gibt, das der Schöpfer von Narnia in die Grundfesten seiner Schöpfung hineingelegt hat. Und dieses Gesetz besagt, dass, wenn ein Unschuldiger freiwillig für einen Schuldigen in den Tod geht, er nicht im Tod bleiben kann, sondern wieder zum Leben erweckt wird.

C. S. Lewis, das ist jedem klar, der sich mit dem Autor beschäftigt, hat diese Erzählung als eine Parabel, als ein Gleichnis, verfasst. Er wollte in bildhafter Weise darlegen, was Jesus Christus in der Wirklichkeit seines Sterbens am Kreuz getan hat. Lewis selbst wurde erst spät in seinem Leben Christ, als er schon Professor in Oxford war. Er konnte sich auf Dauer nicht der Faszination von Jesus entziehen.

Obwohl sich alles in ihm sträubte, wurde er Schritt für Schritt vom Atheisten zum Agnostiker, dann zum Theisten und schließlich zum überzeugten Christen.

Dass es Schuld gibt und dass sie gesühnt werden muss, davon war er überzeugt. Noch überzeugter aber war er davon, dass diese Sühne nicht nur notwendig ist, sondern dass sie auch wirklich stattgefunden hatte. Und zwar nicht nur in seiner erfundenen Welt Narnia auf dem uralten Steintisch, sondern in unserer realen Welt auf einem Hügel bei Jerusalem.

Die erlösende Tat

Das, was die Menschheit ahnt und empfindet, nämlich dass unsere Schuld ein wirklicher Tatbestand ist, den wir nicht verleugnen oder verdrängen können, unterstreicht die Bibel. Sie zeigt, dass Schuld nicht nur ein einzelnes Vergehen, sondern ein mächtiger Gesamtzusammenhang ist.

Jesus sagt: »*Wer Sünde tut, der ist der Sünde Knecht. Wenn euch nun der Sohn frei macht, so seid ihr wirklich frei*« (Johannesevangelium 8,34 und 36). In ähnlicher Weise beschreibt Paulus die Schuldverfangenheit der Menschheit und kommt zu dem Fazit: »*Denn der Sünde Sold ist der Tod; die Gabe Gottes aber ist das ewige Leben in Christus Jesus, unserm Herrn*« (Paulus, Römerbrief 6,23).

Doch Jesus und Paulus sprechen nicht nur von der Sünde an sich, sondern sofort von der Möglichkeit der Vergebung der Schuld, der Erlösung aus den Folgen der Sünde und der Befreiung aus ihrer Macht. Dabei bleibt es nicht bei einem Wort.

Das, wonach die Menschheit sich sehnt, ist Wirklichkeit geworden. Es gibt einen Ort, an dem Schuld und Sünde überwunden worden sind: Das Kreuz, an dem Jesus Christus starb. Hier geschah das Wunder, dass der Schöpfer selbst den Platz seines Geschöpfes einnahm und dessen Schuld auf sich nahm. Jesus drückt es so aus: »*Denn auch der Menschensohn ist nicht gekommen, dass er sich dienen lasse, sondern dass er diene und sein Leben gebe als Lösegeld für viele*« (Jesus, Markusevangelium 10,45).

Das freiwillige Selbstopfer von Jesus am Kreuz ist die erlösende Tat, die die ganze Menschheit umfasst. Denn schließlich war es in Jesus niemand anderes als der Schöpfer selbst, der die Stellvertretung übernahm. So ist der Tod von Jesus am Kreuz die erlösende Tat, die die gesamte Menschheitsgeschichte – und auch meine Lebensgeschichte – völlig verändert.

Vom Minus zum Plus

Dass das Sehnen der Menschheit nach Erlösung nicht ins Leere geht, sondern eine Antwort gefunden hat, ist der Kern der »Guten Nachricht«. Das ist einer der Gründe, warum ich Jesus Christus nachfolge.

Am Kreuz wird das Problem meiner Schuld gelöst. Jenseits aller Selbstverbesserungsversuche, die doch nicht zum Ziel führen; jenseits aller Versuche, mich selbst zu »entschuldigen« oder Schuld überhaupt zu leugnen; jenseits auch des Versuchs, anderen die Verantwortung für mein Verhalten aufzuladen, steht das Kreuz da als ein unverrückbares Pluszeichen. Hier ist das Thema Schuld ein für alle Mal bewältigt. Ich weiß: Jesus Christus starb für meine Schuld und nahm sie mit sich in den Tod. Und deshalb kann ich heute frei und mit erhobenem Haupt leben.

Jesus Christus hat vor die Gleichung meines Lebens ein Plus gesetzt. Das Kreuz ist der Faktor, der alles verändert. Wie grundlegend diese Erneuerung ist und wie weit sie reichen kann, wird im Neuen Testament immer wieder beschrieben. Die Realität der Erlösung verwandelt alles. Nicht mehr Schuld und Sühne, Vergeltung und Strafe sind die Themen, sondern Freiheit, Vergebung, Erneuerung. Es fällt ein neues Licht auf alle Bereiche unseres Lebens.

Der dänische Philosoph Søren Kierkegaard (1813–1855) hat in einem unvergleichlichen Satz zusammengefasst, wie sehr die Tatsache der Vergebung unser Leben umkrempelt. Nicht nur gibt es Vergebung für die Vergangenheit, sondern die Realität der Vergebung hat auch die Kraft, die Gegenwart und Zukunft unseres Lebens zu erneuern: »*Gott kann machen, dass das Falsche zu dem noch Besseren wird, als das Richtige gewesen wäre.*«

Deshalb folge ich Jesus Christus nach. Weil er mit dem realen Problem meiner realen Schuld fertig geworden ist. Und weil er, der Schöpfer und Erlöser, einfach alles erneuert.

Die Gewissheit, dass meine Schuld vergeben ist, macht mich nicht faul, nachlässig oder gleichgültig, sondern treibt mich an zu einem neuen Leben, geprägt von Dankbarkeit und neuer Hoffnung.

7. PERSPEKTIVE

Weil Jesus Christus die Zukunft eröffnet

Ich bin das Licht der Welt. Wer mir nachfolgt, der wird nicht wandeln in der Finsternis, sondern wird das Licht des Lebens haben.

Jesus, Johannesevangelium 8,12

Werkstatt Leben

Für mich ist das ein ganz entscheidender Grund, Jesus Christus zu folgen: Ich will das Leben ganz leben, ohne Abstriche und ohne Täuschungen. Wenn es stimmt, dass Jesus der ist, als den die Bibel ihn beschreibt, dann ist er die Quelle des Lebens. Dann ist er der Anfang und das Ziel. Dann ist er das Zentrum der Wirklichkeit.

Meine Lebenszeit auf dieser Erde ist begrenzt. Jeder Tag ist ein Geschenk. Jeder Tag erhält seinen Sinn dadurch, dass er Teil des Ganzen ist, und dass er ein Schritt auf dem Weg zum Ziel ist. Ich will mein Leben so führen, dass alles zusammen passt, dass sich die Einzelstücke sinnvoll in das Gesamtbild einfügen.

Für mich wäre es unlogisch, unbefriedigend und wertlos, wenn ich versuchen würde, mein Leben in bewusster Loslösung vom Ursprung zu gestalten. Seit ich Gott in Jesus entdeckt habe, hat mein Leben diese zusätzliche Qualität gewonnen. Ich kenne die Wirklichkeit hinter der Wirklichkeit. Ich weiß, dass meine Geschichte hinein gewoben wird in die große Geschichte Gottes mit der Welt. Das spannende ist, dass meine Geschichte wirklich zählt, dass meine Entscheidungen wichtig sind, dass ich den Lauf der Geschichte mit bestimmen kann. Ich lebe in keiner illusionären Welt wie ein Schauspieler, der weiß, dass das, was er tut, nur ein begrenztes Theaterstück ist. Sondern ich lebe als Christ in einer wirklichen Welt, in der ich als Person so sehr ernst genommen bin, als Geschöpf so wichtig für den Schöpfer, dass mein Leben Einfluss und Auswirkung hat.

Mein Leben, so unvollkommen und unvollständig es ist, ist ein Puzzleteil, das hineingebaut wird in das große Bild, das am Ende der Zeiten von Gott selbst vollendet wird. Dieses Wissen gibt auch dem Vorläufigen in meinem Leben Sinn und Perspektive. Denn ich weiß: In der Werkstatt meines Lebens kann ich etwas Bleibendes, Beständiges produzieren. Etwas, das hier und jetzt von Bedeutung ist, das aber noch darüber hinaus reicht in eine tiefere und damit festere Realität hinein.

Leben an der Schnittstelle

Ein Christ ist ein Bürger zweier Welten. So wie Jesus Christus, der zum Geschöpf gewordene Schöpfer, zugleich wahrer Mensch und wahrer Gott war, so sind auch wir nicht nur das, was sich innerhalb der Raum-Zeit-Dimensionen unseres Universums definieren lässt.

Die Bibel drückt diese Wirklichkeit immer wieder aus. Schon der Prediger im Alten Testament sagt, dass Gott die Ewigkeit in das Herz des Menschen gelegt hat (Prediger 3,11). Und Jesus lehrt seine Jünger, dass sie zwar »in der Welt«, aber nicht »von der Welt« sind (Jesus, Johannesevangelium 17).

Diese Perspektive, die über das Sichtbare hinausgeht, gehört zu unserem Menschsein dazu. Und in ganz besonderer Weise prägt sie diejenigen, denen durch ihre Verbindung mit Jesus die Wirklichkeit hinter der Wirklichkeit eröffnet ist.

Hier finden wir Sinn über das Sichtbare hinaus. Wir leben in einem neuen Lebensmodus, nämlich im Modus des Glaubens. Leben im Glauben heißt, an einer Schnittstelle zu leben. Beides wahrzunehmen, die geschaffene Wirklichkeit, die Umgebung, das, was uns vor Augen ist. Und doch gleichzeitig weiterzuschauen auf das, was den leiblichen Augen verborgen ist. Auf Gott, den wir nicht sehen können, und der dennoch real ist, realer als alles Geschaffene, das vergänglich ist. Leben an der Schnittstelle bedeutet, dass wir an den Schnittstellen des Lebens weiter schauen können.

Ein Blick durch die Tür

Ganz praktisch wurde dies für mich in den ersten Jahren unserer Ehe. Elke und ich waren knapp fünf Jahre verheiratet, als sie schwer erkrankte. Wir waren gemeinsam im Sudan, in den heißesten Monaten des Jahres. Durch viele Aufenthalte hatten wir uns daran gewöhnt, dass Krankheiten dazu gehörten – Malaria, Amöbenruhr, Fieber und anderes. Doch diesmal war noch mehr dahinter, das spürten wir. Schließlich flog sie allein nach Deutschland zurück. In der Universitätsklinik in Marburg bekam sie die Diagnose mitgeteilt: Lymphdrüsenkrebs in fortgeschrittenem Stadium. Anfang Oktober sagte mir der Arzt: »Sie werden noch Weihnachten miteinander erleben, aber für Ostern kann ich nicht garantieren!« In diesen Wochen der Unsicherheit, im Hin- und Her zwischen Leben und Tod, erlebte Elke immer wieder auf unbestreitbare Weise die Wirklichkeit der Welt hinter der Welt. Es war wie eine offene Tür, durch die sie schauen konnte. Sie wusste, dass hinter dieser Tür einer stand und auf sie wartete, den sie schon lange kannte und dem sie vertrauen konnte. Für sie war diese Gegenwart von Jesus Christus realer als manches in unserer »realen« Welt.

Sie lag in einem Einzelzimmer, wegen der Ansteckungsgefahr ihrer zusätzlich aus Afrika mitgeschleppten Krankheiten. Immer wieder geschah es, dass Ärzte, Pfleger und Schwestern fragten, ob noch jemand im Zimmer sei. So real und spürbar war die Gegenwart der jenseitigen Wirklichkeit.

Jesus erlaubte ihr – und damit auch mir – einen Blick durch die Tür. Seitdem ist unser Blick auf Leben und Sterben, auf Zeit und Ewigkeit völlig anders. Wir glauben nicht nur, sondern wir wissen, dass es nach dem Tod weiter geht, und nicht nur weiter, sondern höher und tiefer und wirklicher und stärker und schöner. Wie am Auferstehungstag, als Jesus in den verschlossenen Raum zu seinen Jüngern trat, öffnete er auch uns den Blick durch die Tür. Seine Worte – damals wie heute die gleichen – veränderten unsere Welt: »*Friede sei mit euch!*« (siehe Johannesevangelium Kapitel 20).

Die geöffnete Zukunft

In der anglikanischen Kirche, der Staatskirche Englands, gibt es eine Stelle im Gottesdienst, die mich immer sehr bewegt. Da spricht die gesamte Gemeinde gemeinsam drei einfache Sätze, die gerade in ihrer Kürze eindrücklich sind. Denn sie drücken das Zentrum unseres Glaubens aus. Sie lauten:

> »*Christ has died! Christ is risen!*
> *Christ will come again!*«

Hier ist das Wesentliche zusammengefasst: Christus ist für uns gestorben – damals am Kreuz. Christus ist auferstanden – und ist deshalb für uns lebendig. Christus wird wiederkommen – und die neue Weltzeit einläuten.

Der Ausgang der Geschichte, wie wir sie kennen, ist ein Übergang in die Zukunft Gottes. Es wird eine Zeit sein, vielleicht besser ausgedrückt, eine Wirklichkeit, in der all das sich ereignet, nach dem wir uns hier nur sehnen. Das, was hier unvollendet blieb, wird dort zur Vollendung gebracht. Das, was hier zerbrochen wurde, wird dort wieder zusammengesetzt. Was hier misslang, wird dort gelingen.

Die Bibel spricht von dieser Zukunft in Bildern, die angemessener und wahrer sind als abstrakte Worte. In der »Offenbarung« wird dem Jünger Johannes ein Blick hinter die Kulissen gewährt, eine Schau der Zukunft, die bei Gott schon Wirklichkeit ist:

> »*Und ich sah einen neuen Himmel und eine neue Erde; denn der erste Himmel und die erste Erde sind vergangen, und das Meer ist nicht mehr. Und ich sah die heilige Stadt, das neue Jerusalem, von Gott aus dem Himmel herabkommen, bereitet wie eine geschmückte Braut für ihren Mann. Und ich hörte eine große Stimme von dem Thron her, die sprach: Siehe da, die Hütte Gottes bei den Menschen! Und er wird bei ihnen wohnen, und sie werden sein Volk sein und er selbst, Gott mit ihnen, wird ihr Gott sein; und Gott wird abwischen alle Tränen von ihren Augen, und der Tod wird nicht mehr sein, noch Leid noch Geschrei noch Schmerz wird mehr sein; denn das*

Erste ist vergangen. Und der auf dem Thron saß, sprach: Siehe, ich mache alles neu!«

(Offenbarung des Johannes 21,1–5)

Darum bin ich ein Nachfolger von Jesus geworden. An keiner anderen Stelle, in keiner Religion oder Philosophie, finde ich eine solche Schau der Wirklichkeit; dessen, was war, was ist und was kommen wird. Was ich von Jesus höre über die Zukunft, überzeugt mich. Weil nur er auferstanden ist, ist auch nur er kompetent, Verlässliches darüber auszusagen.

Ich will mein Leben nicht auf Vermutungen oder Hörensagen, auf philosophische Spekulationen oder Wahrsagerei aufbauen. Jesus Christus öffnet uns Perspektiven, die über das Hier und Heute hinausgehen. Und die uns gerade deshalb hier und jetzt den Blick öffnen können für das, was wirklich wesentlich ist.

ZUM SCHLUSS
Perspektive gewinnen

Wir haben in diesem Buch einen Weg miteinander zurückgelegt. In allem ging es letztlich immer um zwei Hauptpersonen: Um Jesus Christus – und um uns selbst, um mich als Autor und um Sie als Leser. Was werden Sie jetzt tun mit dem, was Sie erfahren haben?

Ich hoffe, dass es mir gelungen, ist, Ihnen nahe zu bringen, warum ich selbst als Christ lebe. Aber noch mehr hoffe ich, dass ich auch Sie dazu bewegen kann, zumindest darüber nachzudenken, ob dies auch eine Lebensmöglichkeit für Sie ist.

Es geht dabei nicht zuerst um die Mitgliedschaft in einer Kirche oder Gemeinde. Es geht auch nicht um ein christliches Weltbild oder bestimmte Verhaltensweisen. Sondern um die einfache Frage, ob wir als Nachfolger von Jesus Christus leben wollen.

Jesus hat seine Freunde einmal vor diese Frage gestellt: Wer sagen die Leute, dass ich sei? Damals wie heute gab es viele Meinungen und Ansichten. Am Ende fragte Jesus sie direkt: Und wer sagt ihr, dass ich sei? (Matthäusevangelium 16,13–15).

Dieser Frage sollten wir nicht ausweichen. Petrus antwortete damals stellvertretend für die anderen Jünger: »*Du bist Christus, des lebendigen Gottes Sohn!*« (Matthäusevangelium 16,16). Diese Perspektive bestimmte von da an sein Leben.

Mehr als sieben Gründe

Ich habe sieben Gründe aufgeführt, warum ich heute, im 21. Jahrhundert, als Nachfolger von Jesus lebe. Hier sind sie noch einmal im Überblick:

Grund eins: Die Faszination, die von Jesus ausgeht. Er ist einfach einzigartig und unvergleichlich.

Grund zwei: Die Realität, die der Sache mit Jesus eignet. Es ist einfach wahr in jeder Hinsicht, nicht nur persönlich und existentiell, sondern auch geschichtlich und objektiv.

Grund drei: Die Notwendigkeit. Ich brauche Jesus Christus in allen Bereichen meines Lebens, in den guten Zeiten und an den schlechten Tagen.

Grund vier: Der Durchblick, den ich durch Jesus bekomme. Nur hier, und sonst nirgends, kann ich dem wahren Gott begegnen.

Grund fünf: Das Abenteuer, das es bedeutet, mit Jesus im Alltag unterwegs zu sein. Durch die Freundschaft und Weggefährtenschaft mit ihm gewinnt mein Leben Farbe und Inhalt.

Grund sechs: Die Versöhnung, die Jesus mir ermöglicht. Er ist am Kreuz mit meiner Schuld fertig geworden und ermöglicht mir, neu zu leben, versöhnt mit Gott, mit meinem Nächsten und mit mir selbst.

Grund sieben: Die Perspektive, die mir Jesus eröffnet. Er ist dazu in der Lage, weil er in beiden Wirklichkeiten zuhause ist und das Sichtbare und das Unsichtbare in gleicher Weise vor ihm offen daliegen.

Natürlich gibt es noch viel mehr als nur sieben Gründe. Doch letztlich geht es ja nicht zuerst darum, intellektuell überzeugt zu sein. Denn zum Schluss ist die Antwort unseres Lebens gefragt. Und die können wir nur ganzheitlich geben, mit Kopf und Herz.

Der Schritt nach vorn

Der Tübinger Theologieprofessor Karl Heim (1874–1958) gebrauchte einmal ein Bild, um den Schritt in die Nachfolge zu beschreiben. Er schrieb sinngemäß: Stellen wir uns einmal einen zugefrorenen Teich im Winter vor. Auf der Eisdecke sind viele Menschen unterwegs. Manche fahren mit dem Schlitten, andere laufen mit ihren Schlittschuhen, wieder andere gehen einfach. Sie selbst stehen am Ufer und überlegen sich, ob das Eis Sie auch tragen wird. Die Menschen auf dem See winken Ihnen und rufen Ihnen zu: »Komm doch auch! Das

Eis ist stark genug!« Doch Sie werden nie erfahren, ob es stimmt, ob die Eisdecke Sie trägt, wenn Sie nicht selbst den Schritt auf das gefrorene Wasser tun. Nur wenn Sie es wagen, werden Sie merken: Das Eis trägt auch mich!

So ist es auch mit dem Glauben und der Nachfolge. Niemand kann einem anderen den Schritt des Vertrauens zu Christus hin abnehmen. Das muss jeder allein tun. Aber wer es wagt, der erfährt: Christus trägt mich! Ich stürze nicht ins Bodenlose, sondern werde an seiner Hand gehalten.

Ich wünsche Ihnen, dass Sie auch Gründe finden, Jesus Christus nachzufolgen. Und dass Sie es dann tun. Denn es gibt nichts Gutes, außer man tut es.

ZUM AUTOR

Prof. Dr. phil. Dr. theol. **Roland Werner**, Jahrgang 1957, Sprachwis-
senschaftler und Theologe.
Von 1981 bis 2011 Leiter des Christus-Treff Marburg, von 2011 bis
2015 Generalsekretär im CVJM-Gesamtverband in Deutschland e. V.
Vorsitzender von proChrist e. V.
Honorarprofessor für Theologie im globalen Kontext an der
Evangelischen Hochschule Tabor.
Seine Leidenschaft: Die Begleitung und Förderung jüngerer
Leiter, die Verantwortung des christlichen Glaubens angesichts kri-
tischer Fragen und Zweifel, Entwicklung kreativer und kommunika-
tiver Zugänge zur Bibel.
Roland Werner ist Autor zahlreicher Bücher und lebt in Marburg
mit seiner Frau Elke, die ebenfalls als Referentin und Autorin tätig
ist.

www.zinzendorf-institut.de

Veröffentlichungen (Auswahl)
Das Buch : Neues Testament und Psalmen. SCM R. Brockhaus, Witten
⁵2014

Faszination Jesus. Was wir wirklich von Jesus wissen können (mit
Guido Baltes). Brunnen, Gießen 2017

Zehn gute Gründe, Christ zu sein. Aussaat, Neukirchen-Vluyn ⁸2006

Der **NEUFELD VERLAG** ist
ein unabhängiger, inhabergeführter Verlag
mit einem ambitionierten Programm.

Bei Gott sind Sie willkommen! Und zwar so, wie Sie sind.

Uns liegt am Herzen, dass Menschen erfahren:

- Ⓥ Der christliche Glaube ist keine Religion,
  sondern lebt von Beziehung.
- Ⓥ Es gibt nichts Besseres, als mit Jesus zu leben.
- Ⓥ Es lohnt sich, die Bibel für das eigene Leben zu lesen.
- Ⓥ Die Gemeinschaft mit anderen Christen
  fordert uns heraus und hilft uns.

Menschen mit Behinderung bereichern!

Sie haben etwas zu sagen und zu geben, zum Beispiel:

- Ⓥ Sie erinnern daran, dass jeder Mensch einzigartig ist.
- Ⓥ Sie zeigen, dass der Wert eines Menschen nichts
  mit seiner Leistungsfähigkeit zu tun hat.
- Ⓥ Sie bremsen uns immer wieder aus und halten
  uns vor Augen, was im Leben wesentlich ist.
- Ⓥ Sie lassen erkennen, dass das Leben erfüllt sein kann –
  auch wenn es manchmal anders kommt als geplant.

*Stellen Sie sich eine Welt vor,
in der jeder willkommen ist!* neufeld-verlag.de